Florence Gaub

ZUKUNFT

FLORENCE GAUB

ZUKUNFT

Eine Bedienungsanleitung

dtv

Für meinen Vater, der als kleiner Junge
auf die Frage nach seiner Zukunft erwiderte:
»Ich will Kinder haben. Oder Astronaut werden.«

dtv Verlagsgesellschaft mbH & Co. KG, München
Satz: Uhl + Massopust, Aalen
Gesetzt aus der Minion Pro
Druck und Bindung: CPI books GmbH, Leck
Printed in Germany · ISBN 978-3-423-28372-4

INHALT

»Es geht um die Zukunft, Frau Kanzlerin.
Manche Leute denken, die Zukunft bedeutet das Ende der Geschichte. Nun, die Geschichte ist noch nicht ganz vorbei. Ihr Vater nannte die Zukunft – ›das unentdeckte Land‹.«

Captain James T. Kirk, Star Trek VI (1991)

EINLEITUNG

Vor der Erstbenutzung

Für die meisten von uns ist die Zukunft etwas, das sie passiv konsumieren, wie Lutscher oder Fernsehserien. Politiker, Tech-Unternehmer, Science-Fiction-Filme und sogar Wahrsager produzieren Zukunft von der Stange, die wir ihnen deshalb »abkaufen«, weil sie zumindest eine Vorahnung davon vermittelt, was das Morgen so bringen könnte. So gesehen ist die Zukunft etwas, das weit weg ist, noch nicht da, von uns getrennt, unwirklich, etwas, das von ganz allein passiert – ein bisschen wie ein Asteroid, der auf die Erde zurast.

Doch diese Sichtweise ist falsch.

Denn die Zukunft ist keine ferne Zeit, sondern etwas, das alle Menschen ständig erzeugen. Der Einzelne tut dies ebenso, wie es Staaten tun, Unternehmen und Fußballvereine. Und für alle ist die Zukunft in 3D – inklusive Bildern, Geräuschen und sogar Geschmack.

Obwohl wir das Wort Zukunft in der Einzahl benutzen, ist sie eigentlich immer eine Vielzahl: Das Mögliche, das Wahrscheinliche, das Plausible und sogar das Unmögliche sind alles Versionen der Zukunft. Die Zukunft (bleiben wir aus Gewohnheit beim Singular) ist also alles, was wir uns über sie vorstellen können.

Diese Fähigkeit, gedanklich in eine Zeit zu reisen, die noch nicht da ist, ist eine menschliche Eigenschaft, der im Tierreich so nichts entspricht – ein wenig wie eine Superkraft oder, um noch weiterzugehen, vielleicht eines der wichtigsten Merkmale des Menschseins überhaupt. Denn so ziemlich alles, was den Menschen zum Menschen macht – nachdenken über Optionen, Entscheidungen treffen, träumen, Ziele setzen, sich sorgen –, ist jeweils eine Form von Zukunft.

Die meisten Menschen schöpfen diese Fähigkeit jedoch nur selten voll aus. Der Mensch verbringt zwar die Hälfte seiner wachen Stunden damit, über die Zukunft nachzudenken, aber den größten Teil verschwendet er für eher banale Zukünfte. 80 Prozent unseres Zukunftsdenkens gelten der alltäglichen Zukunft – was wir essen, wann wir zur Arbeit gehen und wann die Prüfungen der Kinder anstehen. Erst an weit abgeschlagener zweiter Stelle folgt mit 14 Prozent die Zukunft des kommenden Jahres: Ferien, Projekte, Arztbesuche. Lediglich sechs Prozent unserer Zukunft betreffen die nächsten zehn bis 15 Jahre, wie Heiraten, ein Hausbau oder Karriereziele.[1]

Die größere und weiter entfernte Zukunft wird nur selten mental besucht, und wenn, dann fürchten wir uns schnell vor ihr und überlassen sie anderen, fast so, als gehörte sie uns nicht oder läge nicht im Bereich unserer persönlichen Verantwortung. Dies liegt zum Teil an dem verbreiteten Irrglauben, dass diese größere, kollektive Zukunft sich grundlegend von der kleinen, persönlichen Zukunft unterscheidet. Erstere gehört vermeintlich in die Hände von Regierungen und Unternehmen und wird mit strategischen Vorausschauberichten und Big-Data-Modellen gemanagt, Letztere mit Tagebüchern und Vision Boards – so wird jedenfalls oft gedacht. Bücher für die große Zukunft finden sich in der Wissenschaftsecke, die für die kleine in der Selbsthilfeabteilung.

Aber diese Unterscheidung ist falsch. Alle Zukünfte sind miteinander verbunden, ja stecken ineinander wie Legosteine. Die tägliche Zukunft ist eingebettet in die persönliche Zukunft, die wiederum Teil der Zukunft dieser Epoche ist, die wiederum Teil der Zukunft des Planeten ist. Diese Zukünfte hängen nicht nur voneinander ab, sondern entstehen in den Köpfen der Menschen auf ziemlich dieselbe Weise: Es werden Elemente der Vergangenheit, Informationen der Gegenwart und Vorstellungskraft zusammengemischt, um daraus etwas ganz Neues zu machen. Jeder Mensch ist daher zu allen vier – großen und kleinen – Zukünften fähig, aber die meisten vernachlässigen zwei, oft sogar drei davon. Sie sind damit nicht die willentlichen Zukunftsproduzenten, die sie sein könnten, sondern Konsumenten der Zukünfte anderer.

Und nicht nur wir Einzelne vernachlässigen die Zukunft, wir tun es als Gesellschaft, und zwar schon seit Jahrhunderten. Wir lernen in der Schule nicht, wie man mit ihr umgeht, die großen Philosophen haben wenig zu ihr zu sagen, und auch die Wissenschaft beschäftigt sich erst seit Kurzem mit der Zukunft als Forschungsobjekt. Vielleicht steckt die Zukunft gerade darum aktuell in der Krise.

Und genau deshalb brauchen wir eine Bedienungsanleitung.

Die schlafende Superkraft

Alle Menschen werden mit der geistigen Fähigkeit geboren, in mehrere und sogar weit entfernte Zukünfte zu reisen. Doch man muss es zunächst lernen, wirklich weit zu reisen und viele und nützliche Zukünfte zu entwickeln. Das passiert schon deshalb nicht automatisch, weil wir im Jetzt des Alltags verwurzelt sind, denn dort spielt sich das Leben ab. Auch darum ist die kleine Zukunft diejenige, in der wir uns am meisten aufhalten, denn sie hat den größten Nutzwert für die unmittelbare Gegenwart. Weiter zu reisen – sei es in die persönliche Zukunft oder in die Zukunft der Gesellschaft und sogar des Planeten – geschieht schon deshalb seltener, weil es anstrengender ist, gewisses Handwerkszeug und gewisse Fähigkeiten erfordert und nicht zuletzt einer Gesellschaft bedarf, die beides fördert und lehrt.

Aber bisher sind die meisten westlichen Gesellschaften eher vergangenheits- als zukunftsorientiert, das allein macht es schon schwer. Nicht Zukunftsvorausschau ist Pflichtfach in der Schule, sondern Geschichte, und Latein wird mehr unterrichtet als Weltraumforschung. Auch an den Universitäten sieht es nicht besser aus. Es wird grundsätzlich mehr Können gelehrt als Denken, und das Denken, das gelehrt wird, ist konvergent (wo mit Logik nach nur einer richtigen Antwort gesucht wird) und nicht divergent (wo mit Vorstellungskraft nach so vielen Lösungen wie möglich gesucht wird). Fächer wie Kunst, Literatur, Philosophie oder Nichtstun (von Schülern häufig praktiziert, ist aber kein Unterrichtsfach) würden die für die Zukunftsfähigkeit wichtige Vorstellungskraft fördern, werden aber meist als zweitklassig, da nutzlos auf dem Arbeitsmarkt angesehen.

Auch sonst ist die Vorliebe für die Vergangenheit weit verbreitet. In der Psychologie dominiert immer noch der Ansatz, die Ursache von Problemen in der Vergangenheit des Patienten zu suchen, anstatt in der Zukunft eine Lösung zu finden. Die meisten unserer Religionen sind rückwärtsgewandt, predigen eine Rückkehr in ein verlorenes Paradies, nicht eine bessere Zukunft. Und natürlich fördert das 21. Jahrhundert mit seiner Sucht nach dem Unmittelbaren – Tweets, Quartalsberichte, Wahlzyklen – die Kurzfristigkeit und neigt dazu, der Zukunft die Probleme der Gegenwart aufzuhalsen. (Manche nennen das Zukunftskolonialismus, sprich die gewalttätige Aneignung von etwas, das einem nicht gehört.) Nicht zuletzt haben wir auch einen kulturellen Nachteil, wenn es um die Zukunft geht: Westliche Kulturen neigen dazu, sich kollektiv weniger für die Zukunft zu interessieren als asiatische.[2]

Insgesamt ist unsere Gesellschaft also wenig zukunftsorientiert und trägt dementsprechend nicht dazu bei, dass wir als Einzelpersonen es sind. Aber das ist nicht der einzige Grund, warum wir die Zukunft vernachlässigen.

Zukunftshorizonte[1]

Öffentliche Zukunft		Persönliche Zukunft
Antworten in Quiz Shows Aktienmärkte Öffentliche Versteigerungen Tweets	Sekunden	Texting 1-Klick-Kauf Atemzug
Ampeln Öffentliche Verkehrsmittel TV-Nachrichten Notruf	Minuten	E-Mail Duschen Kaffeepause Essen
Öffnungszeit Parkuhr Meeting	Stunden	Arbeitsschicht Akkulaufzeit
Tageszeitung Schlussverkauf Musikfestival	Tage	Wocheneinkauf Sportunterricht
Quartalsreport Modenschau Software-Aktualisierung	Monate	Schuljahr Schwangerschaft Diät
Handelsabkommen Olympische Spiele Wahlzyklen	Jahre	Hochschulabschluss Karrierepläne Kindererziehung
Raumfahrtprogramm Energieübergang Chinesische Planung	Jahrzehnte	Hypothek Pensionssparen Testament machen
Kathedralenbau Generationendenken Saatgutbank	Jahrhunderte	Pflanzung einer Eiche Zeitkapsel Glaube an das Leben nach dem Tod

1 Adaptiert von Roman Krznaric, The Good Ancestor: A Radical Prescription for Long-Term Thinking (The Experiment: New York, 2020).

Die Entdeckung der Zukunft

Unsere Neigung zu Gegenwart und Vergangenheit kommt auch daher, dass die Zukunft bis vor Kurzem kaum wissenschaftlich untersucht wurde. Für unsere Vorfahren war die Zukunft nicht etwas, das in ihren Köpfen entstand und von ihren Entscheidungen, Träumen und Ängsten geprägt war. Stattdessen war die Zukunft für sie etwas, das von jemand anderem geschaffen wurde, etwas, dem sie bei der Entfaltung nur zusehen konnten. Das kam daher, dass die meisten keinen richtigen Einfluss auf die Zukunft hatten, auch auf die eigene nur sehr begrenzt. Die meisten Menschen lebten von ihrer Geburt bis zu ihrem Tod im selben Dorf, blieben in der gleichen sozialen Schicht und gingen den gleichen Tätigkeiten nach wie Vater und Mutter. Ereignissen wie Krankheiten, Hungersnöten und Kriegen waren sie schutzlos ausgeliefert. Und da Ursache und Wirkung oft nicht verstanden wurden, wurde fast alles auf oft unergründliche göttliche Fügung geschoben. Schwangerschaften, Stürme oder Liebe passierten einfach aus dem Nichts und waren absolut nicht vorhersehbar. Über die Zukunft nachzudenken, war daher für die meisten unserer Vorfahren sinnlos – zumal die Gegenwart überquoll von existenziellen Problemen.

Dies begann sich ab dem 16. Jahrhundert zu ändern. Die Entdeckung Amerikas, die Reformation, die Französische Revolution, die Aufklärung und natürlich der wissenschaftliche Fortschritt leuchteten die Zukunft als einen offenen Raum aus, der für Innovation, Fantasie und Ideen zugänglich war. Es ist daher auch kein Zufall, dass genau zu dieser Zeit Science-Fiction und politische Utopien geboren wurden, die sich diesen Raum zunutze machten. Im 19. Jahrhundert wurden dann dank wissenschaftlichen Fortschritts und der Sammlung von Daten gleich mehrere Werkzeuge entwickelt, um die Zukunft zu managen: Das Konzept der Lebenserwartung, die Wettervorhersage und Versicherungen sind noch heute beliebte Mittel.

Gleichzeitig begann die Philosophie sich langsam für die Zukunft zu interessieren, und die Physik machte Fortschritte, das Phänomen Zeit zu entschlüsseln. Auch in anderen Bereichen tauchte die Zukunft auf: Regierungen stützen sich ab dem frühen 20. Jahrhundert auf Wirtschaftsprognosen, und die Entdeckung der Gene führte zu manchmal wilden Ideen darüber, wie viel man über persönliche Schicksale vorhersagen kann.

Aber erst die 1980er Jahre brachten den Durchbruch in Sachen Zukunft. Dank der Entwicklung der Gehirnscans gab es nun endlich ein Werkzeug, um zu verstehen, was die Zukunft für den menschlichen Geist bedeutet. Denn sie ist dort fast so real wie Vergangenheit und Gegenwart. Es ist wissenschaftlich bewiesen, dass die Zukunft keine ferne Zeit ist, sondern das, was die Menschen heute über sie denken, fühlen und tun. Studien belegen, wie viel der Mensch über die Zukunft nachdenkt (viel), wie weit er in die Zukunft reist (nicht sehr weit) und dass dies sein Wohlbefinden steigert. Es gibt sogar Studien, die zeigen, dass eine Zukunft umso wahrscheinlicher wird, je mehr man sie sich vorstellt. Das ist nicht (nur) Pop-Psychologie: Sobald das Gehirn auf ein Ziel fixiert ist, filtert es alles andere auf dem Weg dorthin heraus. Aber am wichtigsten ist vielleicht, dass das Gehirn keinen Unterschied zwischen der täglichen Zukunft und der des Planeten macht: Menschen sind zu beidem fähig, wenn sie ihre Aufmerksamkeit darauf richten. Nur sind sich die meisten dessen nicht bewusst.

Die Zukunft in der Krise

Der letzte Grund, warum sich viele nur selten in die ferne Zukunft wagen, ist ein aktueller: Die Zukunft ist heute keine besonders gute. Allen voran westliche Gesellschaften haben dieses Problem aus zwei Gründen: Erstens gibt es gleich mehrere negative Zukünfte, und zweitens ist die positive Zukunft von früher nicht mehr erstrebenswert, quasi abgelaufen. Das ist deshalb ein Problem, weil negative und positive Zukünfte sich im Idealfall die Waage halten sollten, aber wenn die eine überwältigend dominiert und die andere auffallend abwesend ist, führt dies zu einer negativen Gesamtsumme.

Die negativen Zukünfte kennen wir alle: Klimawandel, mögliche Auswirkungen von künstlicher Intelligenz und Robotik, sich rapide verändernde Normen und Werte der Gesellschaft, drohender Atomkrieg, schrumpfende Gesellschaft, Artenverlust, Pandemien – um nur einige zu nennen. Diese Zukunftsszenarien sind nicht nur negativ, sondern auch existenziell, was heißt, sie drohen die Art und Weise, wie wir leben und arbeiten, unwiderruflich zu verändern, gefährden gar unsere Existenz, und sie betreffen eine große Zahl von Menschen.

Was diese negativen Zukünfte aber vor allem gemeinsam haben, ist, dass sie oft so wahrgenommen werden, als wären sie außerhalb unserer Reichweite und würden von anderen, unkontrollierbaren Kräften gesteuert. Sobald wir das Gefühl haben, dass eine Zukunft außerhalb unseres Einflussbereiches liegt, ist sie nicht mehr der Möglichkeitsraum, den wir gestalten, sondern etwas, dem wir hilflos ausgeliefert sind – und damit ähnelt sie der antiken Vorstellung von der Zukunft als etwas, das willkürliche Götter entscheiden. Vielleicht ist es auch deshalb passend, dass es als Kassandra-Komplex bezeichnet wird, wenn wir angesichts zu viel negativer Zukunft einfach den Kopf in den Sand stecken.[3] Dieser Komplex ist nach der griechischen Sagengestalt Kassandra benannt, die die Zukunft sehen konnte, aber weil sie den Trojanern schlechte Nachrichten überbrachte, wurde sie von ihnen einfach ignoriert. Das Phänomen gibt es heute auch zuhauf: Sobald wir zu viele schlechte Prognosen hören, fallen wir in eine Art Starre. Anstatt zu handeln, Entscheidungen zu treffen, uns etwas vorzustellen und die Zukunft zu beeinflussen, tun wir nichts. Wir geben die Zukunft quasi auf.

Das ist an sich schon schlimm genug, aber das ist noch nicht alles. Negative Zukünfte können nämlich mit positiven ausbalanciert werden, ja meistens ist die Zukunft als solche eine Mischung von beidem, aber da, wo früher eine erstrebenswerte Zukunft lag, gähnt nun eine Leere. Früher bestand für die meisten Westeuropäer die gute Zukunft aus Wohlstand und Freiheit, und sie ging einher mit dem Wunsch, diese Zukunft in den Rest der Welt zu exportieren. Der Kern dieser Zukunft war die Fortschrittsphilosophie, im Wesentlichen die Überzeugung, dass es dem Menschen mit jeder Generation besser gehen wird. Die meisten von uns hatten ihre persönliche Zukunft fest in dieser Zukunftsidee verankert, strebten danach, ihre wirtschaftlichen Bedingungen und die ihrer Kinder und Enkel zu verbessern. In Umfragen wurde die Zukunftszufriedenheit im Wesentlichen mit der Frage gemessen: »Glauben Sie, dass es Ihren Kindern finanziell besser gehen wird als Ihnen?«, und lange wurde diese Frage mit Ja beantwortet.

Das Alternativmodell war das sozialistische, welches zwar ebenfalls eine bessere Zukunft versprach, aber in ihr gab es weniger Gestaltungsfreiheit. In dieser Zukunft war klar, dass alle Länder der Welt irgendwann von Arbeitern regiert werden würden. Der Kalte Krieg ging also nicht nur um Macht, sondern auch um Zukunft: Wo der Westen nur versprach, dass man sein Glück in Kapitalismus und Freiheit versuchen dürfe, versprach der Osten, genau zu wissen, wohin die Reise ging. Mit dem Zusammenbruch der Sowjetunion war diese Zukunft aus dem Rennen, und die westliche schien gewonnen zu haben. Genau das ist es, was der amerikanische Soziologe Francis Fukuyama als »Ende der Geschichte« bezeichnet hat, die Endstation des Fortschrittsgedankens als Zusammenspiel aus Demokratie und Kapitalismus. In den Jahren danach wurde die Demokratie zum weitestverbreiteten politischen System auf der Welt, und sehr viele Staaten hatten ein kapitalistisch geprägtes Wirtschaftssystem.[4]

Doch diese Zukunft ist in der Krise. Nach dem Siegeszug bis in die frühen 2000er hörte die Demokratie auf, sich als Modell in der Welt auszubreiten, sie ist bei etwa der Hälfte der Staaten stehen geblieben. Und nicht nur das, Menschen, die in Demokratien leben, sind höchst unzufrieden damit: 57,5 Prozent weltweit, 50 Prozent in Deutschland und 46 Prozent in Österreich.[5] (Die Ausnahme ist die Schweiz, hier sind über 80 Prozent der Bevölkerung sehr zufrieden mit der Demokratie.) Der Demokratie wird unter anderem Zukunftsunfähigkeit vorgeworfen, aufgrund ihrer Wahlzyklen könne sie nicht über fünf Jahre hinausdenken, so heißt es.

Auch das kapitalistische Wachstumsversprechen, das andere Hauptmerkmal unserer alten Zukunft, steht in der Kritik. In weltweiten Umfragen stimmen 52 Prozent der Menschen der Aussage zu, dass »der Kapitalismus mehr schadet als nützt«[6], unter anderem, weil er als Hauptverursacher des Klimawandels angesehen wird und das Versprechen von Wohlstand für alle nicht ganz eingelöst hat. Diese Unzufriedenheit sowohl mit der Demokratie als auch mit dem Kapitalismus mag ein bisschen ungerecht sein, denn beide haben vieles erreicht und das Leben unendlich viel besser gemacht als das unserer Vorfahren. Aber nicht die Vergangenheit ist das Problem, sondern die Zukunft. Welche Versprechen können beide Systeme geben, die Menschen für erstrebenswert halten?

Angesichts der doppelten Herausforderung einer negativen Zukunft und der Leere in einer positiven Gegenzukunft ist es vielleicht nicht überraschend, dass viele Menschen darüber zutiefst unglücklich sind, vor allem junge.[7] 86 Prozent der jungen Deutschen sorgen sich um die Zukunft, nicht so sehr um ihre eigene, sondern um die der Welt.[8] Damit sind sie nicht allein: In verschiedenen Umfragen sind Europäer, vor allem Franzosen und Italiener, aber auch Japaner im Allgemeinen pessimistisch, was ihre persönliche Zukunft, die Zukunft ihres Landes oder die des Planeten angeht.[9] Wenn Wissenschaftler wie der Astronom Martin Rees und der Soziologe Ulrich Beck unwissenschaftlich unken, die Menschheit habe für die nächsten 100 Jahre eine Überlebensrate von lediglich 50 Prozent, gießt das nur noch mehr Öl ins Feuer.[10] Das Endergebnis ist, dass der Kassandra-Komplex voll zuschlägt und sich ganze Teile der Gesellschaft von der Zukunft entfremden.

Andere Zukünfte im Angebot

Haben also alle Angst vor der Zukunft? Nicht ganz. Sie scheint vor allem ein westliches Problem zu sein. In weiten Teilen der Welt sind die Menschen grundsätzlich optimistisch, dass es ihren Kindern besser gehen wird als ihnen und dass sich ihr Land in die richtige Richtung entwickelt. Besonders hoch sind diese Zahlen bei jüngeren Frauen und Männern.

Man könnte nun sagen, dass dieser Optimismus das Ergebnis des offenen Möglichkeitsraums ist: Gerade dort, wo es den Menschen wirtschaftlich weniger gut geht, gibt es noch Luft nach oben, daher sind sie optimistisch. In westlichen Ländern gibt es nicht mehr viel zu verbessern, was soll also noch erstrebt werden? Das verkennt freilich, wovon Menschen träumen, denn nicht alle geraten nur von wachsenden Wirtschaftsraten in Zukunftsekstase: Nehmen wir China und Saudi-Arabien, die in Umfragen regelmäßig Optimismusraten von 80 Prozent bzw. 75 Prozent aufweisen und deren Einkommensniveau mit dem Europas vergleichbar ist.[11] Dieser Optimismus ist nicht das Ergebnis der Hoffnung auf noch mehr Wohlstand, sondern weil beide Regierungen die ferne Zukunft zu positiven Eckpfeilern ihrer Politik gemacht haben. Chinas Präsident Xi Jinping hat angekündigt, das Land bis zum Jahr 2049 »zu einem der größten Länder der Welt« zu machen, und Saudi-Arabiens Vision 2030 verspricht nicht nur blühende Städte in der Wüste, sondern auch eine gesündere und glücklichere Bevölkerung. Und die Menschen glauben offenbar der politischen Führung – kaufen ihr diese Zukunft ab.

Im Gegensatz dazu bietet Europa keine echt positiven Zukunftsprognosen. Stattdessen hofft man, eine negative Zukunft zu vermeiden: eine, in der unsere Jobs weggenommen werden, in der die Temperaturen steigen, in der die Werte sich verändern. Egal wie man inhaltlich dazu steht, die europäische Zukunft wird bestenfalls als Status quo oder als gebremste Rückkehr zur Vergangenheit beschrieben, ebenso wie die amerikanische, die verspricht, alles »great again« zu machen. Und natürlich würden die meisten demokratischen Regierungen nicht im Traum daran denken, irgendwelche Ansagen für 2030 zu machen, geschweige denn für 2050, wenn sie schon längst nicht mehr an der Macht sind. (Bei der Europäischen Union ist das ein bisschen anders, denn sie hat siebenjährige Haushaltszyklen und damit automatisch weiter gesteckte Ziele. Vielleicht ist das auch der Grund dafür, warum 66 Prozent der Menschen optimistisch sind, was die Zukunft der EU betrifft.[12])

Das Problem bei einer solchen Nichtzukunft ist, dass es keine richtige ist. Zukunft ist per Definition immer anders als die Gegenwart, sie muss es sein, um zu begeistern. Science-Fiction-Filme sind gerade deshalb so fesselnd, weil sie uns etwas zeigen, das anders – im Idealfall besser – ist als das Jetzt. Ein futuristischer Film, der zeigt, wie eine Gesellschaft es geschafft hat, sich gar nicht zu verändern, wäre immer ein Flop.

Die Art und Weise, wie eine Zukunft erzählt wird, ist daher genauso wichtig wie ihr Inhalt, wenn nicht sogar noch wichtiger. Eine Geschichte des Niedergangs, des Rückgangs oder auch des Gleichbleibens wird immer weniger stimulierend sein als eine Geschichte des Wachstums, der Innovation, der Möglichkeiten und des Novums. (Und wenn dystopische, also negative Science-Fiction-Filme florieren so wie aktuell, ist das vor allem ein Indiz, dass sich eine gute Zukunft nicht mal mehr vorgestellt werden kann.)

Dies erklärt auch, warum der Optimismus in Russland seit dem Einmarsch in die Ukraine von 40 Prozent auf 52 Prozent gestiegen ist und der Anteil von traurig-depressiven Menschen von 41 Prozent auf 27 Prozent gesunken.[13] Was der Krieg in dieser Hinsicht bewirkt hat, ist die Wiedereröffnung eines Möglichkeitsraums, der nach Ansicht vieler Russen durch den Erfolg der westlichen Zukunft verschlossen worden war. In einem Bericht einer russischen Denkfabrik hieß es 2021: »Die Zukunft ist irrelevant geworden … Wenn die Phase des ›Endes der Geschichte‹ vorbei ist und die immer noch unvorhersehbare Zukunft eintrifft … gibt es wieder eine Zukunft. Sie ist nicht vorherbestimmt, und jeder von uns kann sie mitgestalten.«[14] Während der Krieg die Zukunft für viele Russen objektiv schwieriger planbar gemacht hat, hat er ihnen doch das Gefühl gegeben, dass sie wieder durch ihr eigenes Handeln gestaltet wird.

Was bedeutet das?

Drei Dinge lassen sich daraus ableiten. Erstens: Pessimismus oder Optimismus in Bezug auf die Zukunft haben weniger damit zu tun, welches Maß an Katastrophen oder an Reichtum wir in ihr erwarten, als damit, wie viel Einfluss wir auf diese Zukunft zu haben meinen. Je mehr Einfluss wir glauben zu haben, desto optimistischer sind wir. Einfluss wiederum ist keine objektive Tatsache: Es ist eine Wahrnehmung, die sich direkt daraus ergibt, wie viele Optionen wir uns für die Zukunft ausdenken können. Je mehr Optionen, desto größer der Handlungsspielraum, desto mehr Optimismus.

Das Zweite, das sich daraus ableiten lässt, ist, dass Schaffen von Optionen zwar Aufgabe aller ist, von Bürgern und Regierungen, aber Regierungen haben mehr Einfluss und dementsprechend mehr Verantwortung. Sie müssen daher den Rahmen vorgeben, mehr strategische Vorausschau betreiben und der fernen Zukunft mehr Platz in ihren Programmen und Gesetzen einräumen. Aber das allein reicht nicht. Sie müssen auch eine gute Geschichte darüber erzählen können, eine, die nicht nur verspricht, den Status quo zu erhalten. Die Bürger werden es ihnen danken: Umfragen zufolge wünschen sich die Menschen überall auf der Welt, dass ihre Regierungen langfristiger denken.[15] Eine Bewegung in diese Richtung gibt es bereits: Es gibt Ideen für Zukunftsminister (Schweden, Vereinigte Arabische Emirate), Zukunftskommissare (Europäische Union, Wales) und Zukunftsausschüsse (Finnland, Vereinte Nationen), die die Interessen zukünftiger Generationen vertreten.

Aber, drittens, Regierungen machen die Zukunft nicht allein. Es sind die Ideen und Vorschläge von Unternehmen und Einzelpersonen, die ganz genauso wichtig sind. Ohne eine zukunftsorientierte Bewegung sind Gesellschaften nicht innovativ, sei es in der Technologie, der Bildung oder Science-Fiction, sie stellen die Gegenwart nicht infrage und entwickeln keine Optionen, wie die Zukunft aussehen könnte.

Andernorts ist dies bereits in vollem Gange: Die Long

Now Foundation in Kalifornien fördert die Idee, uns als Wesen zu begreifen, das nicht nur die nächsten 100, sondern 10 000 Jahre beeinflusst. In Japan hat die Future-Design-Bewegung eine innovative Form der Bürgerversammlung ins Leben gerufen, bei der einige Teilnehmer Einwohner aus der Zukunft repräsentieren mussten; der japanische Tech-Gigant Soft Bank hat einen 100-Milliarden-Dollar-Visionsfonds eingerichtet, der dem Unternehmen einen 300-jährigen Zeithorizont für die Planung ermöglicht. All das ist nicht nur moralisch wichtig, sondern auch wirtschaftlich. Studien zeigen: Je länger ein Unternehmen denkt, desto höher werden Einnahmen und Gewinne mittelfristig.[16] Und was für Unternehmen gilt, gilt auch für Einzelpersonen: Menschen mit einem weiteren Zeithorizont blicken längerfristig auf die Entwicklung des Aktienmarktes und treffen bessere finanzielle Entscheidungen.[17]

Diese Beispiele zeigen auch, dass weder Kapitalismus noch Demokratie zur Kurzsichtigkeit verdammt sind. Eine Studie zeigt, dass langfristig denkende Demokratien das am besten geeignete politische System für die Zukunft sind, nicht – wie manchmal gern behauptet wird – Autokratien. In dieser Studie rangierte die Schweiz auf Platz 4, Österreich auf Platz 12 – und Deutschland weit abgeschlagen auf Platz 28.[18]

Zusammen mit den weltweiten Optimismusraten zeigt dies, dass die Fortschrittsphilosophie, die Idee einer besseren Zukunft, durchaus nach wie vor ihre Anhänger hat – nur nicht so sehr dort, wo sie ihren Ursprung hat – und als solche daher nach wie vor gültig ist. Aber es gilt, die Auswirkungen des Kassandra-Komplexes rückgängig zu machen, um den Möglichkeitsraum der Zukunft wieder aufzumachen. Dafür ist dieses Buch da.

Die angewandte Zukunft

Das praktische Format einer Bedienungsanleitung mag für ein so abstraktes und philosophisches Konzept wie die Zukunft seltsam erscheinen. Aber die Zukunft ist kein elitäres Phänomen, sondern das Menschlichste, was es gibt. Jeder einzelne Mensch hat die Fähigkeit, sich die Zukunft vorzustellen, sich vor ihr zu fürchten und auf sie zu hoffen. Das ist auch der Grund, warum dies kein rein philosophisches, psychologisches, physisches, neurologisches, mathematisches oder historisches Buch ist, sondern all das und mehr. Gerade weil die Zukunft etwas ist, das alles Menschliche durchdringt, kann sie nicht durch eine oder zwei Disziplinen allein erklärt werden. Und weil die Zukunft ultimativ auf der persönlichen wie auf der kollektiven Ebene gleich »gemacht« wird, gibt es strukturell keinen Unterschied zwischen den Zukünften, die man sich in sein Tagebuch schreibt, oder denen, die in Regierungen erdacht werden.

Man kann dieses Buch als Einzelperson lesen, die versucht, das Menschsein an sich besser zu verstehen, oder auch als Unternehmen oder Regierung, die langfristiger denken wollen.

In beiden Fällen ist die Struktur dieses Buches darauf ausgerichtet, die Zukunft so zugänglich und überschaubar wie möglich zu machen. Ähnlich wie eine Bedienungsanleitung für einen Staubsauger enthält es in Kapitel 1 technische Daten, die sich mit allgemeinen Aspekten befassen, mit der Frage, welchen Zweck die Zukunft hat, welche Arten es gibt und wo und wann sie begonnen hat. In Kapitel 2 werden die verschiedenen Bestandteile der Zukunft vorgestellt, darunter der Einschaltknopf, die Gegenwart und die Vergangenheit sowie die Kreativität. Anweisungen finden sich in Kapitel 3, wo die verschiedenen Schritte zur Handhabung der Zukunft erklärt werden. In Kapitel 4 werden die Sicherheitshinweise erläutert, einschließlich der Risiken wie Katastrophendenken, Fatalismus, der gefälschten Zukunft und des Wunschdenkens. Für den Fall, dass die Zukunft nicht funktioniert, finden sich in Kapitel 5 alle Hinweise zur Fehlerbehebung, was etwa zu tun ist, wenn die Zukunft nicht sichtbar ist oder negativ scheint, wie man mit dem Unerwarteten oder einer uninspirierten Zukunft umgeht. Wie jede Bedienungsanleitung endet auch dieses Buch mit einer Garantie: kein Versprechen, dass die Zukunft rosig, sondern dass sie immer ein Möglichkeitsraum sein wird.

Fakt ist nämlich, dass wir eben nicht in einer so noch nie dagewesenen beängstigenden und unvorhersehbaren Welt leben, auch wenn man das überall hört. Wir leben in einer sehr privilegierten Zeit, in der man mit der Garantie auf ein hohes Alter zur Welt kommt und sehr große Gestaltungsfreiheit hat, sein Leben so zu leben, wie man es will. Die Menschheit hat sich innerhalb der letzten 300 Jahre von einer Zukunft außerhalb ihres Einflussbereichs emanzipiert hin zu einer, die sie vorhersehen, gestalten und erträumen kann. Nur, vielleicht dank jahrzehntelanger Planungssicherheit, dank Anspruchsdenken und Zukunftsfaulheit, gibt es jetzt ein Gefühl der Ohnmacht, dass die Zukunft nicht zu gestalten ist, nicht vorhersehbar, und wenig Wissen darüber, wie man den Möglichkeitsraum, den die Zukunft darstellt, befüllen kann.

All diese Gefühle sind letztlich der Grund, warum ich dieses Buch geschrieben habe. Während meiner Arbeit in der strategischen Zukunftsvorausschau für die Europäische

Union bin ich immer wieder zwei Phänomenen begegnet: Erstens wollten die Menschen wissen, wie man »am besten« über die Zukunft nachdenkt, immer auf der Suche nach einer Methodik, die ihnen den Schlüssel zum Königreich der Zukunft liefert. Oft waren sie enttäuscht zu entdecken, dass der beste Weg, über die Zukunft nachzudenken, nicht so kompliziert ist wie eine Methode oder so teuer wie ein Datensatz, sondern viel einfacher: Man muss nur seinen Verstand schärfen. Die Fähigkeit, die eigenen Überzeugungen und Gewissheiten zu hinterfragen, nach Informationen zu suchen, die unseren Annahmen widersprechen, seine Emotionen zu kontrollieren, auf Neues zu achten und sich intellektuell aus einer Vielzahl von Quellen zu nähren, all das sind einfache Dinge, und doch haben viele von uns keine Lust darauf. Es würde bedeuten, kritisch zu denken, sich selbst zu hinterfragen, mit Konzepten und Ideen zu spielen, anstatt sie für immer zu heiraten und dann bis aufs Blut zu verteidigen. Kritisches, analytisches Denken oder intellektuelle Hygiene werden nicht in der Schule gelehrt. Sowohl Menschen als auch Regierungen sind an der Zukunft interessiert, aber beide sind ein wenig faul, wenn es darum geht, sich dafür selbst an die Arbeit zu machen. Sie beauftragen lieber jemanden, der das für sie erledigt – mit ein Grund, weshalb sie oft auf Leute hereinfallen, die falsche Zukunftsprognosen verkaufen.

Das zweite Phänomen ist, dass viele von uns im Allgemeinen chronisch pessimistisch sind, und zwar ständig, in Bezug auf so ziemlich alles, fast so, als wäre Pessimismus eine intellektuelle Leistung. Selbst wenn man ihnen Gegenbeweise vorlegt, sind sie nicht in der Lage, ihre Meinung zu ändern. Das mag in erster Linie heißen, dass sie nie besonders zukunftsfähig sein werden, aber in zweiter heißt es, dass sie sich selbst damit nicht helfen, denn Pessimismus führt nur zu einem Gefühl der Hilflosigkeit. (Übermäßiger Optimismus hilft übrigens auch nicht, dazu gibt es ein eigenes Kapitel in diesem Buch.) Der Trick besteht darin, die goldene Mitte zu finden, wo Kreativität, Wissen, Weisheit, Vorstellungskraft und Fakten zusammenkommen, um den Möglichkeitsraum der Zukunft zu umreißen, sich das Beste vorzustellen, sich auf das Schlimmste vorzubereiten und mit Überraschungen zu leben.

»›Noch menschlicher als der Mensch‹ ist unser Motto.«

Rachael, Blade Runner (1982)

KAPITEL I

Technische Daten: Was ist die Zukunft?

Auf den ersten Blick erscheint die Antwort auf diese Frage einfach: Die Zukunft ist etwas, was noch nicht da ist, was jeder Einzelne von uns hat, und wenn man dem Mainstream Glauben schenkt, ist sie heutzutage völlig unvorhersehbar.

Doch bei genauerem Hinsehen ist die Zukunft alles andere als einfach: Wir alle können sie uns zwar vorstellen, aber manche können es besser als andere. Für manche liegt sie räumlich vor uns, für andere dagegen hinter uns, weil man sie nicht sehen kann.[19] Die meisten Tiere scheinen keinen ausgeprägten Zukunftssinn zu haben, der Eichelhäher hingegen schon.[20] Für die einen ist sie der Stoff, aus dem Filme und Serien sind, für die anderen ist sie die Zeit, an die sie nie denken wollen.

Was also ist die Zukunft? In diesem Kapitel befassen wir uns mit ihren Hauptmerkmalen, damit, wo sie ihren Anfang nahm, mit ihrem Zweck und den verschiedenen Arten (denn ja, es gibt mehr als eine).

1. HAUPTMERKMALE

Zunächst das Offensichtliche: Die Zukunft ist eine Zeit, in der es um Dinge geht, die kommen werden. Sie hat zwei Zeitgeschwister: die Gegenwart, in der es um das Jetzt geht, und die Vergangenheit, die hinter uns liegt. So weit, so einfach.

Aber was ist Zeit überhaupt? Zunächst einmal ist Zeit relativ, was heißt, dass sie von Mensch zu Mensch sehr unterschiedlich wahrgenommen werden kann. Dieser Gedanke ist vergleichsweise neu: Lange Zeit dachte man, dass Zeit absolut sei, ein Phänomen, das unabhängig vom Menschen existiert, ähnlich wie Blumen oder wie die Sonne. Natürlich fiel es auch unseren Vorfahren schon auf, dass die Zeitwahrnehmung oft von der Zeitmessung abwich, aber niemand hatte eine rechte Erklärung dafür. Und so spielte Zeit, und mit ihr die Zukunft, so gut wie keine Rolle in der antiken und mittelalterlichen Philosophie und deren Überlegungen zur menschlichen Existenz.[21] Das änderte sich mit der Aufklärung, als Philosophen wie Immanuel Kant über die Frage nachzudenken begannen, ob Zeit überhaupt real sei. Sein englischer Kollege J. M. E. McTaggart war davon so überzeugt, dass er sogar vorschlug, alle Zeitformen in der Sprache abzuschaffen. (Diese Idee hat sich nie durchgesetzt, aber die Tatsache, dass nicht alle Sprachen die gleichen Zeitformen haben wie europäische – einige haben überhaupt keine Zeitformen, andere haben sogar zwei Zeitformen für die Zukunft –, stützt die Idee, dass Zeit tatsächlich eine Sache der Wahrnehmung ist.[22])

Dank Albert Einstein wissen wir heute, dass Zeit etwas ist, das alle Menschen teilen, was sich aber je nach Kontext und

Person ausdehnen und zusammenziehen kann.[23] Und Zeit wird nicht nur individuell unterschiedlich wahrgenommen, sondern Physiker sind heute auch davon überzeugt, dass ihre Richtungsabfolge nur eine (sehr starke) menschliche Illusion ist. In Wirklichkeit gibt es in der Zeit keine klare Abfolge von Vergangenheit, Gegenwart und Zukunft – sie existieren alle gleichzeitig.[24] (Was bedeutet, dass theoretisch Hypothesen von Zeitreisen und Paralleluniversen nicht nur Science-Fiction-Fantasien sind.) Innerhalb dieser Illusion von Zeit gibt es zwei Dinge, die unbestritten sind: Zeit wird als Pfeil wahrgenommen, der in eine Richtung fliegt (von der Vergangenheit in die Zukunft), und sie ist ein Kontinuum – sie setzt nicht aus und fängt dann wieder an.

Das bedeutet, dass »die Zukunft« als objektiv beobachtbares Phänomen nicht wirklich existiert: Sie ist eine individuelle, einzigartige Wahrnehmung, die sich vollständig in jedem einzelnen Kopf abspielt, genau wie die Gegenwart und die Vergangenheit. Es bedeutet auch, dass sie genauso real ist wie die beiden anderen Zeiten.

Das mag zunächst seltsam klingen: Für die meisten von uns ist die Zukunft die am wenigsten »reale« der drei Zeiten, die wir haben. Schließlich können wir die Gegenwart mit unseren Sinnen erfahren, und wir haben jede Menge Beweise für die Vergangenheit: unser eigenes Gedächtnis natürlich, mündlich überlieferte Geschichten, materielle Dinge wie Akten und andere Schriftquellen, auch Gebäude, Kunst und Menschen, die sie erlebt haben. Aus diesem Grund akzeptieren wir die allgemein gelehrte Retrodiktion, also die endgültige Geschichte der Vergangenheit, als historische Realität. Im Gegensatz zu Vergangenheit oder Gegenwart scheinen wir keine real existierenden Anhaltspunkte für die Zukunft zu haben. Man kann sie nicht anfassen, nicht riechen und keine Menschen, die dort leben, dazu befragen, wie sie sein wird. Daher ist eine häufige, aber falsche Vorstellung von der Zukunft, dass es sich um eine Zeit handelt, die nicht real ist und erst noch kommen wird. Und was nicht real ist, kann nicht gemessen, konzeptualisiert oder geteilt werden.

Aber das ist falsch.

Ist die Zukunft real?

Alle Zeitwahrnehmungen, auch die der Zukunft, werden in gleich mehreren Bereichen des Gehirns erzeugt. Dadurch unterscheidet sich die Zeit von anderen Sinneswahrnehmungen wie dem Hören oder dem Fühlen, die an nur einem Ort im Gehirn verarbeitet werden. (Diese Wahrnehmung von Zeit ist übrigens nicht mit der Körperuhr zu verwechseln, auch zirkadianer Rhythmus genannt. Diese reguliert unsere Hormone und unser Energielevel ziemlich punktgenau in einem Zyklus von 24 Stunden und ist von der gefühlten Zeit fast völlig abgetrennt.) Wir haben also nicht nur eine Uhr, sondern mehrere in unserem Gehirn versteckt, die die Zeit messen und in die Vergangenheit und Zukunft projizieren.

Diese Uhren gehen nach der sogenannten subjektiven Zeit, und die kann sehr stark von der tatsächlichen Zeit abweichen. Egal, ob es sich um einen fantastischen Urlaub handelt, der viel schneller vergeht als eine durchschnittliche Arbeitswoche, oder ob man ungeduldig auf einen Zug wartet – Zeitwahrnehmung ist so elastisch wie ein Gummi. Das ist nicht dramatisch, es zeigt nur, wie individuell die Zeit tatsächlich ist. Wie sie wahrgenommen wird, hängt stark davon ab, was wir tun, wo wir sind und mit wem, aber auch davon, wie wir uns körperlich fühlen: Wenn uns kalt ist, nehmen wir die Zeit als schneller vergehend wahr, während sie langsamer vergeht, wenn uns heiß ist (oder, tatsächlich, wenn wir gerade einen Cheeseburger gegessen haben).[25] Auch Emotionen wirken sich auf die Zeitwahrnehmung aus: Bei Angst zum Beispiel läuft die Zeit viel langsamer, fast so, als hätte das Gehirn die Fähigkeit, die Zeit zu verlängern, um eine Lösung für die Situation zu finden.[26] Das subjektive Zeitempfinden gibt nicht nur an, wie schnell oder langsam die Zeit vergeht, sondern vermittelt auch ein Gefühl für die Distanz, wie weit in der Zukunft oder wie weit in der Vergangenheit die Dinge im Verhältnis zu uns liegen.[27] Diese geistigen Uhren dienen als zeitliches GPS, das uns spüren lässt, wo wir uns in der Zeit befinden und wie weit wir von Dingen entfernt sind, die geschehen sind oder geschehen werden.

Vor allem drei Bereiche des Gehirns sind für die Herstellung der Zukunft zuständig, der Frontallappen, der Scheitellappen und der mediale Temporallappen. Das Interessante an diesen drei Lappen ist, dass sie nicht nur dafür zuständig sind, gemeinsam die Zukunft zu erschaffen, sondern auch andere Aufgaben haben: Der Frontallappen zum Beispiel ist für das Arbeitsgedächtnis, die Entscheidungsfindung und das Lösen von Problemen zuständig und sorgt dafür, dass Erinnerungen nicht mit der Gegenwart verwechselt werden. Daraus kann man schließen, dass die Zukunft sich immer auch auf das Erinnerungsvermögen als Datenbasis stützt und dass sie dazu dient, Entscheidungen zu treffen – vermutlich die bestmöglichen. Der Scheitellappen ist für die Verarbeitung von Sinnessignalen aus dem Körper, für die räumliche Orientierung, für die Umwandlung von Buchstaben in Wörter und von Wörtern in Gedanken zuständig und hat eine Navigationsfunktion. Dies deutet darauf hin, dass Zeit mit der dreidimensionalen Wahrnehmung zusammenhängt, was sich schon daran erkennen lässt, dass wir räumliche Wörter verwenden, um die Zeit zu beschreiben wie etwa »lang«, »kurz«, »fern«, oder »nah«. Es ist aber auch ein Indiz dafür, dass die Zukunft stark mit dem Geschichtenerzählen verbunden ist – warum, sehen wir später. Der mediale Temporallappen schließlich beinhaltet den Hippocampus, der das Gedächtnis, das Lernen, die Emotionen und die Sprache steuert – alles Dinge, die für das menschliche Denken entscheidend sind.[28]

Vergleicht man Gehirnscans von Menschen, die über die Zukunft oder die Vergangenheit nachdenken, so ist zu erkennen, dass die Vergangenheit zwar klarere mentale Bilder evoziert, die Zukunft jedoch mit mehr Emotionen einhergeht. Und je weiter man in die Zukunft reist, desto aktiver wird der Hippocampus (der Bereich, der für Gefühle, Gedächtnis und Lernen zuständig ist). Das bedeutet, dass man sich nicht nur an den Geschmack oder den Geruch einer Madeleine erinnern kann – woraus Marcel Proust den siebenbändigen Roman *Auf der Suche nach der verlorenen Zeit* machte –, man kann sich auch genau vorstellen, wie der erste Cocktail im Urlaub schmecken wird – sogar wenn man noch nie einen Cocktail getrunken hat.[29] Im Gehirn ist die Zukunft tatsächlich annähernd so real wie Vergangenheit und Gegenwart.[30]

Die Zeitmaschine

Diese Fähigkeit wird als »mentales Zeitreisen« bezeichnet: der kreative Prozess, sich detailliert vorzustellen, wie ein zukünftiges Ereignis aussehen und sich anfühlen könnte, lange bevor es eingetreten ist. In Science-Fiction ist die Reise in die Zukunft immer mit einer Art Maschine verbunden, bekannt gemacht vor allem durch den 1895 erschienenen Roman *Die Zeitmaschine* von H. G. Wells.

In Wirklichkeit braucht es keine Maschine: Alles, was wir brauchen, ist unser Verstand. Ein durchschnittlicher Mensch denkt 59-mal am Tag, oder alle 16 Minuten, über die Zukunft nach; insgesamt verbringt er dreimal so viel Zeit damit, über die Zukunft nachzudenken, wie über die Vergangenheit; und wenn er über die Vergangenheit nachdenkt, dann die Hälfte der Zeit, um über ihre Auswirkungen auf die Zukunft nachzudenken.[31]

Ob wir es nun absichtlich tun, zum Beispiel wenn wir planen, oder unabsichtlich, wenn unsere Gedanken von selbst abschweifen: Die Zukunft ist nicht das, was irgendwann tatsächlich eintritt, sondern ein individueller, kreativer, imaginärer und sinnlicher Prozess in der Gegenwart, bei dem quasi ein Hologramm einer zukünftigen Realität erzeugt wird – nicht unähnlich dem Holodeck in *Star Trek*.[32] Diese Fähigkeit bildet die Grundlage für wichtige menschliche Eigenschaften wie Erwartungen, Entscheidungen, Vorlieben und freier Wille. Aus diesem Grund sind manche der Meinung, dass wir gar nicht Homo sapiens, der vernünftige Mensch, sind, sondern Homo prospectus, ein Wesen, das nicht durch seine Fähigkeit zur Vernunft definiert ist, sondern durch seine Fähigkeit, mental in die Zukunft zu reisen.[33] Es ist kein Zufall, dass in der griechischen Mythologie Prometheus (»der Vorausschauende«) als Held dargestellt wird, der die Menschheit befreit, indem er ihr das Feuer und die Künste bringt, während sein Bruder Epimetheus (»der Zurückschauende«) nicht nur wesentlich weniger prominent ist, sondern auch oft als ein bisschen dumm dargestellt wird. Was die Geschichte dieses Bruderpaares zu vermitteln versucht, ist, dass die Zukunft und der Blick in die Zukunft für die Freiheit der Menschheit von essenzieller Bedeutung sind.

2. VERWENDUNGSZWECK: WOFÜR IST DIE ZUKUNFT DA?

Der Zweck der Zukunft ist besonders dann offensichtlich, wenn man sich vorstellt, wie es wäre, keine zu haben: Wir würden unser ganzes Geld ausgeben, unserem Körper Schaden zufügen, rücksichtslos mit persönlichen Beziehungen und Besitztümern umgehen – kurzum, wir würden viele Dinge tun, die unser zukünftiges Ich bereuen würde. Aber wenn man genauer hinsieht, stellt man fest, dass es bei dieser Fähigkeit um mehr geht als um Schadensbegrenzung.

Zunächst einmal ist es entscheidend für das Lernen, einen Sinn für die Zukunft zu haben. Denn was wäre der Sinn von Erfahrungen, wenn nicht der, daraus für die Zukunft zu lernen: Wer auf eine heiße Herdplatte fasst, hat sofort gelernt, dass dies in der Zukunft zu vermeiden ist. Erinnerungen sind dazu da, um aus ihnen Schlüsse zu ziehen und die Überlebenschancen in der Zukunft zu verbessern.

Dies ist jedoch nur die grundlegendste Funktion der Zukunft, sie hat noch anspruchsvollere Zwecke. Zum Beispiel hilft die Fähigkeit, sich die Zukunft vorzustellen, dabei, mit einem ihrer Hauptmerkmale umzugehen: der Ungewissheit. Wir wissen zwar vieles recht sicher, aber noch viel mehr wissen wir eben nicht über die Zukunft. Und Menschen hassen Ungewissheit – und zwar so sehr, dass sie eine schlechte Gewissheit einer potenziell guten Ungewissheit vorziehen.[34]

Unsere Fähigkeit, uns verschiedene Zukünfte vorzustellen, ist unser einziges Instrument zum Umgang mit Ungewissheit. Indem wir Szenarien durchdenken, verringern wir die Ungewissheit, weil wir Möglichkeiten ausloten, über Wahrscheinlichkeiten nachdenken und Handlungsmöglichkeiten erkennen. Dies alles zusammen gibt uns ein Gefühl (oder die Illusion) von Kontrolle und Sicherheit. Und, was vielleicht das Wichtigste ist, es fällt uns damit leichter, Entscheidungen zu treffen.[35]

Nach dem Überleben besteht der Zweck der Zukunft also darin, Entscheidungen zu treffen und danach zu handeln. Dies liegt vermutlich daran, dass die Zeit und damit das Handeln vorwärts fließen (oder zumindest ist dies die menschliche Illusion) und die Zukunft somit die einzige Zeit ist, die man mit seinem Handeln beeinflussen kann. (Man kann zwar auch die Art und Weise, wie man über die Vergangenheit *denkt,* ändern, aber das ist eine andere Geschichte.)

Die Zukunft als Philosophie

Sich die Zukunft vorstellen zu können, hat aber eine noch viel abstraktere Funktion, nämlich unterstützt sie die Idee, dass der Mensch einen freien Willen hat und damit für seine Handlungen voll selbst verantwortlich ist. Das wiederum ist eine philosophische Frage, die schon seit Aristoteles (und bis heute) unter Philosophen und Theologen erhitzt diskutiert wird. Gegner der Ideen des freien Willens sind sowohl Fatalisten als auch Deterministen. Fatalisten glauben, dass es keinen freien Willen gibt, das Schicksal des Einzelnen steht fest und kann nicht verändert werden. Nach dieser Logik ist das eigene Leben wie ein Film, bei dem man nur Zuschauer ist, das Ende ist von Anfang an vorherbestimmt, egal ob man Popcorn auf die Leinwand wirft oder nicht. Der Determinismus dagegen geht zwar ebenfalls davon aus, dass das Schicksal feststeht, aber gibt dem Menschen die Illusion, Entscheidungsfreiheit zu haben, dabei ist es genau diese Entscheidung, die das Schicksal in Bewegung setzt. Ein Beispiel dafür sind »Choose Your Own Adventure«-Bücher, bei denen der Leser immer wieder aus verschiedenen Optionen wählen, aber selbst keine neuen hinzufügen kann. Für beide Denkschulen ist die Zukunftsfähigkeit irrelevant, denn die Zukunft ist schon vorherbestimmt.

Sinn macht diese Fähigkeit nur dann, wenn man akzeptiert, dass der Mensch einen freien Willen hat. Dann schafft sie nämlich Optionen, aus denen er wählen kann und für die er verantwortlich ist.[36] In diesem Sinne entstand ab Mitte des 19. Jahrhunderts eine philosophische Richtung namens Existenzialismus, die einzige, die ein umfassendes Verständnis davon hat, was die Zukunft für das Menschsein bedeutet. Zu ihren Vertretern gehören unter anderem Søren Kierkegaard, Martin Heidegger, Jean-Paul Sartre und Hannah Arendt.

Es ist vielleicht kein Zufall, dass diese Schule gleichzeitig mit der Entdeckung der Zeit als etwas Relatives und individuell Geschaffenes ihren Anfang nahm. Nicht nur Zeit wurde als relativ begriffen, sondern mit ihr auch die Zukunft – und damit wurde die Idee des vorbestimmten und absoluten Schicksals untergraben.

So betrachtet besteht der eigentliche Zweck der Zukunft für den Menschen nicht nur darin, zu überleben und sich in der Ungewissheit sicherer zu fühlen, sondern auch darin, Optionen zu schaffen, aus denen man wählen kann.[37] Und je mehr Optionen es gibt, desto größer ist die Freiheit zu wählen. Um den Gedanken noch weiter zu treiben: Je mehr Zukünfte man sich vorstellen kann, desto freier ist man.

Vielleicht erklärt dies auch, warum Menschen gerne an die Zukunft denken.[38] Die meisten von uns ziehen allgemein den Freitag, der mit dem Samstag eine angenehme Zukunft vor sich hat, dem Sonntag vor, dabei arbeiten die meisten von uns am Freitag, und am Sonntag nicht.[39] Das liegt daran, dass der Mensch eine angenehme Zukunft einer angenehmen Gegenwart vorzieht. Studien zeigen, dass wir lieber an etwas Schönes denken, von dem wir glauben, dass es eintreten könnte, als an etwas Schönes, das bereits eingetreten ist. Im direkten Wettbewerb zwischen tatsächlichen positiven Ereignissen der Vergangenheit und möglichen positiven Ereignissen der Zukunft gewinnt also die Zukunft.[40]

Warum ist das so? Zum großen Teil liegt es daran, dass wir das Gute, das uns persönlich bevorsteht, ständig überschätzen. Die meisten Menschen, Sie und ich eingeschlossen, haben die unausgesprochene Erwartung, dass der nächste Urlaub großartig wird, das nächste Date der oder die Richtige sein könnte und der nächste Job das Sprungbrett zu einer großartigen Karriere ist. Wenn es um die eigene Zukunft geht, sind die meisten Menschen grundsätzlich optimistisch gestimmt. Dies scheint ein universeller menschlicher Wesenszug zu sein: Ob neunjährige Schulkinder[41] oder

80-jährige Erwachsene[42], sie alle glauben, dass ihre Zukunft gut ist, unabhängig von ihrem Geschlecht und vom jeweiligen sozioökonomischen Status.[43] Und je weiter die Dinge in der Zukunft liegen, desto optimistischer sind wir.[44]

Diese menschliche Neigung, die Zukunft stärker zu genießen als die Gegenwart, mag ein wenig seltsam erscheinen. Schließlich wissen wir, dass wir sterblich sind, und damit ist die eigene Zukunft definitiv zeitlich begrenzt. Man sollte meinen, diese Einsicht werde sich auf die menschliche Fähigkeit, sich verschiedene Zukünfte vorzustellen, lähmend auswirken. Schließlich weiß man um Krankheit, Verfall und Tod in der eigenen Zukunft.

Aber unser Gehirn hat nicht nur einen, sondern gleich mehrere Mechanismen entwickelt, um mit dieser Erkenntnis umzugehen: Erstens begreift niemand von uns seinen eigenen Tod wirklich als unausweichliche Realität. Sicher, wir wissen es theoretisch, aber wie eine Studie zeigt, gerät unser Gehirn buchstäblich in eine Sackgasse, wenn es sich seine eigene Nichtigkeit vorstellen soll.[45] Zweitens verdrängt der Optimismus viele negative Dinge, die die Zukunft für uns bereithalten könnte, was es viel leichter macht, spielerisch über die Zukunft nachzudenken.

Es ist fast, als hätte die Menschheit mit dem Wissen um den Tod gleichzeitig die Fähigkeit entdeckt, prima mit dieser Tatsache leben zu können.[46] Und diese Fähigkeit wiederum stellt sicher, dass wir die Zukunft als einen Möglichkeitsraum begreifen, einen Ort, an dem viele positive Sachen passieren können.

Nicht zuletzt sind einige Wissenschaftler der Ansicht, dass die Zukunft dazu dient, unser Selbstverständnis zu entwickeln. Genau wie Erinnerungen sind auch Vorstellungen von dem, was wir uns wünschen (oder nicht wünschen), Bestandteile unserer Identität als Mensch.[47]

3. TYPOLOGIEN: VIER ARTEN VON ZUKUNFT

Wir haben bereits gesehen, dass es mehrere Zukünfte gibt, obwohl wir den Begriff eigentlich immer in der Einzahl verwenden. Die Mehrzahl liegt erstens daran, dass die Zukunft eine Zeit ist, und so wie es verschiedene zeitliche Entfernungen gibt, gibt es auch verschiedene Zukünfte je nach Entfernung. Zweitens bestimmt sich die Art der Zukunft auch danach, wie viel Einfluss wir auf sie haben.

Die Zukunft wird nach diesen beiden Kriterien kategorisiert: Das erste ist die Entfernung, das zweite unser gefühlter Einfluss auf sie.[48] Zusammengesetzt ergibt dies vier Arten von Zukunft, die zueinander in Beziehung stehen wie die russischen Puppen: Die Alltagszukunft ist Teil unserer Lebenszukunft, welche wiederum Teil unserer Epoche ist, welche wiederum einer längerfristigen, als heilig oder sakral bezeichneten Zukunft angehört.

Die vier Arten der Zukunft

	Entfernung	**Einflussnahme**
Alltagszukunft	Sehr knapp	Sehr hoch
Zukunft unseres Lebens	Bis ca. 100 Jahre	Mittel
Zukunft unserer Epoche	10–30 Jahre	Niedrig
Heilige Zukunft	Mehr als 100 Jahre	Sehr niedrig

Die erste der Zukünfte ist die *Alltagszukunft* oder die kleine Zukunft. Sie wird von Fragen bestimmt wie: Was wird heute Abend gegessen? Wann werden die Kinder von der Schule abgeholt? Wann sind die Vorführungszeiten eines bestimmten aktuellen Films im Kino? Wohin führt der nächste Urlaub? Diese Art von Zukunft verläuft meist zyklisch, sie ist eine Ansammlung von Wiederholungen ähnlicher Handlungen mit dem gleichen Ziel. Wegen ihres repetitiven, zyklischen Charakters würden die meisten von uns sie nicht einmal als Zukunft bezeichnen, aber sie ist eine. Wenn wir diese Zukunft messen wollten, würden wir ihr Stunden und Tage, auch Wochen, in Ausnahmefällen Monate zuschreiben. Über diese Zukunft denken wir am häufigsten und intensivsten nach, weil wir sie durch unsere direkten Handlungen entscheidend bestimmen und fast unmittelbar Ergebnisse sehen.

Die zweite Zukunft ist die persönliche Lebenszeit oder die *Zukunft unseres Lebens*. Hier geht es um typische Fragen wie: wann und wo wir anfangen zu arbeiten, zu heiraten, den beruflichen Durchbruch zu schaffen, ein Buch zu veröffentlichen, Kinder zu bekommen und so weiter. Sie wird normalerweise in Jahren gedacht. Diese Zukunft ist eher linear als zyklisch: Sie verläuft entlang unseres chronologischen Alters, das normalerweise einer menschlichen Lebensspanne von allenfalls 100 Jahren entspricht. Aus diesem Grund ist sie auch endlich (während die Alltagszukunft aufgrund ihrer Wiederholung oft ewig erscheint). Diese Zukunft hat verschiedene Kapitel, wie ein Buch, und wird stark davon beeinflusst, wie die Gesellschaft sie sich vorstellt.[49] Diese Vorstellungen konzentrieren sich auf die 20er und 30er Jahre unseres Lebens, weshalb vielen von uns mit etwa 40 Jahren die Ideen für die Zukunft ausgehen und wir anfangen, über unsere Hinterlassenschaften nachzudenken, also über unsere Zukunft nach unserem Tod, ein Phänomen, das man als Midlife-Crisis kennt.[50] (Mehr dazu und wie man damit umgeht in Kapitel 5.)

Paradoxerweise werden wir mit zunehmendem Alter – wenn man also objektiv gesehen weniger Zukunft hat – besser darin, uns unsere persönliche Zukunft vorzustellen, denn die Fähigkeit, die Zukunft zu gestalten, hängt auch davon ab, wie viele Erinnerungen ein Mensch hat.[51] Dies ist der Grund dafür, dass ältere Erwachsene weiterhin sehr lebhafte Vorstellungen von der Zukunft haben.[52] Jugendliche im Gegenzug denken wesentlich weniger über ihre persönliche Zukunft nach, obwohl sie objektiv gesehen viel Zukunft haben – was daran liegt, dass ihnen die nötigen Erfahrungsdaten fehlen, um sie sich vorzustellen.[53]

Beiden Zukünften, der Alltagszukunft wie der Zukunft unseres Lebens, ist gemein, dass sie individuell stark steuerbar sind – oder zumindest den Anschein erwecken –, da sie durch persönliches Handeln gestaltet werden können. Vielleicht liegt hierin auch der Grund, weshalb man dieser Art von Zukunft so optimistisch gegenübersteht: Je mehr man sie kontrolliert, desto sicherer kann man sich sein. Aber es gibt noch zwei weitere Kategorien von Zukunft, die weniger beeinflussbar sind.

Die gemeinsamen Zukünfte

Die erste dieser beiden Zukünfte ist die *Zukunft unserer Epoche* (auch Ära genannt). Wir geben diesen Epochen Namen, meist tun wir dies aber erst im Nachhinein, nicht während wir uns in ihnen befinden. (Oft machen dies Journalisten oder Historiker für uns.[54]) Epochen sind im Regelfall zwischen zehn und 30 Jahre lang und unterscheiden sich von anderen Epochen meist durch eine Reihe von Dingen, aber in der Regel ist es ein Ereignis, das definiert, wann eine Epoche endet und eine neue beginnt. Zu den älteren und teilweise längeren Beispielen gehören Epochen, die durch die Lebenszeit eines Monarchen definiert wurden (wie das Viktorianische Zeitalter), während jüngere Epochen gern durch technologische Innovationen definiert werden (wie das digitale Zeitalter).

Diese Zukunft ist eine gemeinsame Zukunft, da sie von vielen beeinflusst wird, und sie bildet den Kontext für alle unsere persönlichen Zukünfte.[55] In dieser Zukunft denken vor allem mittelgroße Gruppen aller Art: Unternehmen, aber auch Parteien oder zivilgesellschaftliche Organisationen. Alle managen zwar auch die kleine Zukunft, aber allgemein denken sie in Zeiträumen bis zu einem Jahrzehnt. Der Haken an dieser Zukunft ist, dass Einzelpersonen nur wenig Einfluss auf sie haben – weniger als auf die Zukunft unseres Lebens und noch weniger als auf die Alltagszukunft. Das mag nicht schlimm sein, sofern alles gut läuft auf dieser Ebene. Wenn dem freilich nicht so ist, wirkt sich die Zukunft unserer Epoche automatisch und negativ auch auf die persönlichen Zukünfte aus, ohne dass man daran groß etwas ändern könnte, ein bisschen so, als säße man auf dem Rücksitz eines Autos und ein schrecklicher Fahrer wäre am Steuer.

Es ist daher fast die Norm, dass Menschen in Bezug auf die gemeinsame Zukunft pessimistisch sind (was sie paradoxer- wie glücklicherweise nicht daran hindert, in Bezug auf die eigene Zukunft gleichzeitig optimistisch zu sein). Dies hat weniger damit zu tun, dass die Zukunft eines Landes tatsächlich schlecht ist, und mehr damit, wie viel Einfluss man auf die Zukunft einer Epoche hat: Grundsätzlich korreliert in Bezug auf die Zukunft geringerer Einfluss mit mehr Pessimismus.[56] Und je stärker jemand im Allgemeinen der Auffassung ist, dass die Zukunft in unserer Hand liegt, desto optimistischer ist diese Person. Das beste Beispiel dafür ist der oft belächelte amerikanische Optimismus, der stark mit dieser Auffassung korreliert.[57] Kulturen und Länder unterscheiden sich zwar in ihrem Grad an Optimismus und Pessimismus und darin, wie viel sie Einfluss auf die Zukunft zu haben glauben, aber die großen Trends – optimistisch in Bezug auf die eigene Zukunft, pessimistisch in Bezug auf die Epoche – sind in Europa und den Vereinigten Staaten ziemlich gleich.

Schließlich existiert noch eine weitere, die vierte Zukunft, *heilige Zukunft* genannt, die weit über uns und die Zeit, in der wir leben, hinausreicht. Diese Zukunft hat einen Endpunkt, genau wie unser eigenes Leben, und dieser ist ebenso wenig klar datiert. Auch die *heilige Zukunft* ist immer mit menschlicher Verantwortung verbunden, entweder weil Menschen diesen Endpunkt direkt ausgelöst haben oder weil sie dann grundsätzlich zur Rechenschaft gezogen werden. Dies dient wahrscheinlich dazu, eine emotionale Brücke zwischen dem Jetzt und einer sehr weit entfernten Zukunft zu schlagen.

Das vielleicht bekannteste Beispiel für diese Zukunft ist der Tag des Jüngsten Gerichts im Christentum und im Islam, der Tag, an dem Gott die Menschen für ihre Taten richtet, was natürlich zumindest ein gewisses Maß an freiem Willen voraussetzt, sonst wäre dieses Verfahren sinnlos. Immer wieder gibt es Gruppierungen, die sich sicher sind, dass dieser Tag gekommen ist, obwohl keine der beiden Religionen ein Datum nennt und Spekulationen darüber verbietet. (Mehr darüber in Kapitel 4.) Aber nicht nur Religionen bieten heilige Zukünfte an, auch die Debatte um den Klimawandel und den Artenverlust oder die Möglichkeit eines nuklearen Holocausts verbinden eine ferne und furchterregende Zukunft mit menschlicher Verantwortung.[58] Der Unterschied zwischen diesen säkularen Tagen des Jüngsten Gerichts und den religiösen liegt darin, dass hier die menschliche Verantwortung kollektiv und nicht individuell ist, denn am Klimawandel sind wir alle beteiligt, bei der Frage des Lebens nach dem Tod wird nur das individuelle Sündenregister konsultiert.

Über die Häufigkeit jeder Zukunft

Der Mensch schaltet zwischen diesen vier verschiedenen Zukünften hin und her, so wie er beim Auto den Gang wechselt. Aber so, wie ein Stadtbewohner nicht oft den fünften Gang einlegt, wird ein normaler Mensch nicht oft über die heilige Zukunft nachdenken. Die Faustregel ist, dass wir, je weiter eine Zukunft entfernt ist und je weniger Einfluss wir auf sie haben, desto seltener über sie nachdenken. Laut einer amerikanischen Umfrage denkt man am häufigsten an den kommenden Monat, gefolgt vom kommenden Jahr. Von da an wird die Zukunft gedanklich weniger besucht: Ein- oder zweimal im Monat denken 22 Prozent von uns an die zukünftigen drei oder fünf Jahre. Für viele ist die ferne Zukunft tatsächlich ein unbekanntes Land: Mehr als die Hälfte denkt fast nie an eine Zeitspanne von zehn Jahren, und drei Viertel denken nicht an eine Zukunft in 30 Jahren.[59]

Das liegt zum Teil daran, dass unsere Fähigkeit, die Entfernung zu einer bestimmten Zukunft zu spüren, abnimmt, je weiter wir nach vorn gehen. Unsere Zeitwahrnehmung gerät immer stärker aus dem Takt, wenn wir die äußeren Anhaltspunkte der Zeit verlieren. Denn ohne Uhr orientiert sich die menschliche Zeitwahrnehmung an unserem Umfeld: Ein Tag ist vergangen, wenn die Sonne unter- oder aufgeht, ein Monat, wenn der Mond wieder voll ist, ein Jahr, wenn vier Jahreszeiten durchlaufen wurden. Vielleicht ist das der Grund, warum der Landwirtschaft oft zugeschrieben wird, dass sie den Menschen ein Zeitgefühl vermittelt hat. (Obwohl zwischen den Anfängen des Ackerbaus und dem ersten Kalender etwa 10 000 Jahre vergingen, allein kann sie also nicht dafür verantwortlich sein.) Tage, Monate und etwa ein Jahr sind daher Ebenen der Zukunft, die jeder Mensch in Bezug auf die Entfernung leicht empfinden kann, weil unsere Umgebung uns sichtbare Anhaltspunkte gibt. (Die sieben Tage der Woche stammen übrigens nicht von äußeren Anhaltspunkten, sondern wurden von den Babyloniern im vierten Jahrhundert v. Chr. eingeführt, weil sie den zu langen Mondzyklus in überschaubare Abschnitte gliedern mussten.)

Über einen Jahreszyklus hinaus gibt es nur wenige äußere Anhaltspunkte für den Verlauf der Zeit, wie etwa das langsame Wachsen eines Baums. Das erklärt vielleicht auch, warum wir nur ein begrenztes Vokabular haben, um die Zukunft zu beschreiben: morgen/Woche/Monat/Jahr. Im Allgemeinen ist für die meisten von uns die ferne Zukunft in 100 Jahren, die Dauer eines langen Menschenlebens, nicht weiter weg.[60] (Kalender und Uhren sind übrigens kein Ersatz für ein Zeitgefühl, denn sie können es nicht generieren. Sie sind lediglich Hilfsmittel, um unser eigenes Zeitgefühl mit dem der Gesellschaft zu synchronisieren.)

Der Mensch tut sich im Allgemeinen schwer, wenn es um wirklich große zeitliche Entfernungen wie Jahrzehnte geht oder gar, noch viel schwieriger, um Jahrhunderte oder sogar um Jahrtausende. Dies liegt aber auch daran, dass eine so weit entfernte Zukunft eine größere kognitive Herausforderung ist, weil Leerstellen, die wir nicht mit Erfahrungsdaten füllen, mit Fantasie und Vorstellungskraft ausgemalt werden müssen. Auch deshalb sagten Teilnehmer einer Studie, sie würden gerne 175 Jahre in die Vergangenheit, aber nur 40 in die Zukunft reisen.

Ein anderer Grund, warum wir nicht so oft mental in die ferne Zukunft reisen, ist, dass wir das Gefühl verlieren für das, was man in der Psychologie das Kontinuum des Ichs nennt. Dies bedeutet nichts anderes als zu wissen, dass die Person, die ich vor fünf Minuten war, auch die ist, die ich jetzt bin und die ich in fünf Minuten sein werde. Dieses Selbstgefühl wird immer schwächer, je weiter wir in die Zukunft blicken, und irgendwann stellt sich das Gehirn unser zukünftiges Ich buchstäblich als eine andere Person vor.[61] Es ist bis heute nicht ausreichend erforscht, woran das liegt, aber die Folgen können unangenehm bis gravierend sein. Denn wenn das zukünftige Ich jemand anderes ist, fällt es viel leichter, dieser Person Kredite aller Art aufzuhalsen, sei es in Sachen Gesundheit, Finanzen oder Gefühlsleben. Schließlich sind es gefühlt nicht wir, die den Preis dafür zahlen. (Fakt ist freilich auch, dass wir in zehn Jahren tatsächlich nicht mehr dieselbe Person sein werden: In Studien unterschätzen Menschen oft, wie sehr sie sich innerhalb eines Jahrzehnts verändern.[62]) Das erklärt auch, warum der Mensch sich grundsätzlich mit Prävention schwertut, es ist gefühlt nicht für sich selbst, dass man nicht mehr raucht oder Sonnencreme aufträgt.

Das heißt nicht, dass unsere Zukunftsfähigkeit eine Spanne von nur einem Jahr umfasst, aber es bedeutet doch, dass die nahe Zukunft qualitativ besser verpixelt ist als die ferne und dass man sich für die Vorstellung einer ferneren Zukunft gedanklich mehr anzustrengen hat. Je weiter man gedanklich in die Zukunft reist, desto mehr verliert man ein natürliches Gefühl für die Zeit und wird immer asynchroner. Oft heißt das, dass unsere Zukunftsvorstellungen zwar in Bezug auf das, *was* geschehen wird, zutreffen, aber nicht in Bezug auf das *Wann*.

Das 21. Jahrhundert trägt nicht zuletzt eine Mitschuld an unserer Vorliebe für die nahe Zukunft. Das liegt nicht so sehr daran, dass die Zeit schneller abläuft, wie manche behaupten, denn das tut sie nicht, sondern daran, dass in ein Zeitfenster nun mehr Optionen und Möglichkeiten gestopft sind, was zur Folge hat, dass wir ständig im Hier und Jetzt fixiert sind.[63] Die Tatsache, dass wir immer weniger Zeit mit Tagträumen und immer mehr mit Schwarzmalerei verbringen, lässt ebenfalls wenig Raum, um über die ferne Zukunft nachzudenken. Im folgenden Selbsttest können Sie überprüfen, ob auch Sie oft die Zukunft zugunsten der Gegenwart ausblenden.

Selbsttest: Wie zukunftsvergesslich bin ich?

	Trifft gar nicht auf mich zu						Trifft voll auf mich zu
Ich denke oft darüber nach, wie die Dinge in der Zukunft sein könnten, und versuche, diese Dinge durch mein tägliches Verhalten zu beeinflussen.	1	2	3	4	5	6	7
Oft tue ich Dinge, um Ergebnisse zu erzielen, die vielleicht erst nach vielen Jahren eintreten.	1	2	3	4	5	6	7
Ich handle nur, um unmittelbare Belange zu befriedigen, weil ich denke, dass sich die Zukunft von selbst regeln wird.	7	6	5	4	3	2	1
Mein Verhalten wird nur von den unmittelbaren Ergebnissen meiner Handlungen beeinflusst (unmittelbar: d. h. innerhalb weniger Tage oder Wochen).	7	6	5	4	3	2	1
Meine Bequemlichkeit ist ein wichtiger Faktor bei meinen Entscheidungen und Handlungen.	7	6	5	4	3	2	1
Ich bin bereit, mein unmittelbares Glück oder Wohlbefinden zu opfern, um zukünftige Ergebnisse zu erreichen.	1	2	3	4	5	6	7
Ich denke, es ist wichtig, Warnungen vor negativen Folgen ernst zu nehmen, auch wenn diese erst in vielen Jahren eintreten werden.	1	2	3	4	5	6	7

	Trifft gar nicht auf mich zu						**Trifft voll auf mich zu**
Es ist wichtiger, in seinem Verhalten langfristig zu sein als kurzfristig.	1	2	3	4	5	6	7
Ich ignoriere in der Regel Warnungen über mögliche zukünftige Probleme, weil ich denke, dass sie gelöst werden, bevor sie zu einer Krise werden.	7	6	5	4	3	2	1
Es ist in der Regel nicht notwendig, jetzt Opfer zu bringen, da Probleme auch zu einem späteren Zeitpunkt behandelt werden können.	7	6	5	4	3	2	1
Ich handele nur, um unmittelbare Anliegen zu befriedigen, und gehe davon aus, dass ich mich um künftige Probleme dann kümmern werde, wenn sie auftreten.	7	6	5	4	3	2	1
Da meine tägliche Arbeit konkrete Ergebnisse hat, ist sie für mich wichtiger als eine Arbeit, die weit entfernte Ergebnisse hat.	7	6	5	4	3	2	1
Wenn ich eine Entscheidung treffe, denke ich darüber nach, wie sie sich auf mich in der Zukunft auswirken könnte.	1	2	3	4	5	6	7
Mein Verhalten wird im Allgemeinen durch zukünftige Konsequenzen beeinflusst.	1	2	3	4	5	6	7

Addieren Sie die Gesamtpunktzahl.

77–98 Punkte »Die Zukunftsversicherung«
Immer in der Zukunft, fast nie im Jetzt, das sagt dieses Ergebnis. Es wird selten eine Hypothek auf die Zukunft aufgenommen, es wird vermutlich nicht geraucht, Sonnencreme aufgetragen und Fahrradhelm getragen, die Rente ist gesichert und der Nachlass geregelt. Der einzige Nachteil: In der Zukunft geht es nicht nur um Vorsorge, sondern auch um Spiel und Spaß. Wer nie Risiken eingeht und die Zukunft zu stark absichert, verschließt damit auch einen guten Teil von ihr. Eine kleine Dosis Risiko hier und da könnte ein Gegengewicht schaffen – bestellen Sie einfach mal was Neues von der Speisekarte etwa.

55–76 Punkte »Gleichgewicht der Zeiten«
Sie haben das Gleichgewicht zwischen den Zeiten eigentlich ganz gut raus: Sie denken oft an die Zukunft und berücksichtigen sie bei Ihren Entscheidungen, aber leben doch viel im Jetzt und verstehen den Tanz zwischen den Zeiten auszubalancieren. Eine kleine Dosis mehr Gegenwart, und Sie sind in der perfekten Mitte.

33–54 Punkte »Die Zukunftskurzstrecke«
Die Zukunft gibt es bei Ihnen durchaus, nur reicht sie nicht besonders weit. Sie denken regelmäßig an den nächsten Urlaub oder das nächste Abendessen, aber eher selten an das nächste Jahr, geschweige denn an das nächste Jahrzehnt. Nehmen Sie sich Momente, wo Sie auch an das große Ganze denken – Ihr Zukunfts-Ich wird es Ihnen danken.

14–32 Punkte »Die Zukunftsamnesie«
Zukunft? Welche Zukunft? Dieses Ergebnis bedeutet, das Gegenwartsprinzip etwas zu ernst zu nehmen, zu sehr im Hier und Jetzt zu leben. Das macht meistens viel Spaß, aber das Ich der Zukunft wird die Rechnung bezahlen müssen. Wenn die Gegenwart Sie zu sehr absorbiert, schaffen Sie sich regelmäßig Momente, wo Sie bewusste Entscheidungen für die Zukunft treffen.[64]

4. URSPRUNG: DIE GESCHICHTE DER ZUKUNFT

Man könnte meinen, die Zukunft habe es schon immer gegeben oder zumindest so lange wie den Menschen selbst. Doch dies stimmt nicht ganz, was man schon daran sieht, dass wir als Einzelpersonen auch nicht mit einem kompletten Sinn für die Zukunft zur Welt kommen. Als Gefühl und Fähigkeit setzt die Zukunft erst mit etwa drei oder vier Jahren ein – und auch dann nur rudimentär im Sinne von »gestern« oder »morgen«. Ein wirkliches Gefühl für zeitliche Entfernungen – zum Beispiel drei Wochen bis Weihnachten – entwickelt sich erst im Alter von sieben Jahren.[65] Kinder leben im ständigen Jetzt, sie beginnen erst dann, ein echtes Zukunftsvermögen zu entwickeln, wenn sie anfangen, Erinnerungen zu haben. Sobald sie sich an Dinge erinnern können, die sie erlebt haben, beginnen sie auch zu verstehen, dass es Dinge geben wird, die kommen werden. Und je älter man wird, desto mehr wächst diese Fähigkeit.

So wie die einzelnen Menschen in den verschiedenen Phasen ihres Lebens unterschiedliche Zukunftsfähigkeiten haben, so auch die Menschheit als Ganzes. Das heißt, die Zukunftsfähigkeit von heute ist nicht dieselbe wie die vor 6000 Jahren, aber seit wann genau der Mensch die Fähigkeit dazu hat, wissen wir nicht.

Es gibt wenige Hinweise darauf, was unsere Steinzeitvorfahren für einen Zukunftssinn hatten, aber wir wissen aufgrund der Grabbeigaben, dass sie ein Gefühl für ein Leben nach dem Tod hatten und damit zumindest einen gewissen Sinn für eine Zukunft, die weit über sie hinausging. Auch die hinterlassenen Werkzeuge und Farben deuten darauf hin, dass sie über Planungs- und Innovationsfähigkeit verfügten, was beides zur Zukunftsfähigkeit gehört. Aber bisher haben wir keine weiteren Indizien dafür, wie unsere frühen Vorfahren Zeit und Zukunft wahrnahmen.[66]

Der erste direkte Beweis für ein Gefühl für die Zukunft stammt aus dem Jahr 2400 v. Chr., als die Sumerer in Mesopotamien den ersten Kalender schufen, zumindest den ersten, den wir heute kennen. Dieser Kalender war dem unseren schon ähnlich, er war in zwölf Monate zu je 29 oder 30 Tagen unterteilt, und obwohl es keine Wochen gab, waren am Ersten, Siebten und Fünfzehnten eines jeden Monats freie Tage vorgesehen. Diese Struktur war direkt aus der Natur und den Sternen abgeleitet: Tage wurden von Sonnenuntergang zu Sonnenuntergang gezählt, und Monate richteten sich nach dem Mondzyklus. Genau wie wir schoben die Sumerer alle vier Jahre einen zusätzlichen Tag ein. Der sumerische Kalender verzeichnete auch Regen- und Trockenzeiten, was darauf hindeutet, dass er bei der Planung der Landwirtschaft zurate gezogen wurde. Ohne ein solches Planungssystem wäre diese Zivilisation immer wieder von den regelmäßig auftretenden Überschwemmungen des Euphrat und des Tigris überrascht worden, aber dank des Kalenders konnten Vorteile maximiert und potenziell negative Auswirkungen reduziert werden.

Gleichzeitig bedienten sich die Sumerer des Kalenders, um die Zukunft auch anderweitig vorauszusagen. Sie waren die Ersten, die eine Schrift entwickelt hatten, und nutzten sie, um wichtige Ereignisse aufzuzeichnen.[67] Dazu notierten sie auch alles andere, was zum Zeitpunkt des Ereignisses passiert war, sowohl in der Natur als auch in den Sternen und auch beim Blick in die Eingeweide von Opfertieren. Diese Sammlung von Omen sollte beim nächsten Mal als Frühwarnsystem dienen. Natürlich lagen die Sumerer mit ihrer Wahrsagerei oft falsch, weil sie Ursache und Wirkung noch nicht entschlüsselt hatten – die Omen konnten die Zukunft nicht ankündigen –, aber sie waren doch die Ersten, die nach Mustern in ihrer Umgebung suchten, um die Zukunft weniger unvorhersehbar zu machen. Und sie nutzten die Vergangenheit als Datenbasis für den Blick nach vorn. Obwohl die Sumerer davon überzeugt waren, dass ihr Einfluss auf die Zukunft durch die Götter begrenzt war, versuchten sie herauszufinden, was diese für sie geplant hatten, und so die Unsicherheit bis zu einem gewissen Grad zu verringern.

Mittels des Kalenders, der Sterne, der Aufzeichnung von Ereignissen und sogar der Wahrsagerei erfanden die Sumerer die Zukunft als Konzept: Sie wussten nicht nur, dass es eine Zukunft gab, sondern versuchten systematisch, sie vorherzusehen.

Die ersten Zukunftsmanager

Von Mesopotamien aus verbreiteten sich Kalender und Wahrsagerei als Instrumente zur Steuerung der Zukunft in der gesamten Region und darüber hinaus gemeinsam mit Schrift und Sterndeutung. Im alten Ägypten, bei den Babyloniern, den Assyrern und den alten Griechen und Römern, aber auch in Persien, im Indus-Tal im alten China und im Norte Chico im heutigen Peru nutzten die Menschen beides, um die Zukunft zu steuern.[68] Mehr oder weniger gleichzeitig begann die Menschheit als Ganzes, ein Verständnis für die Zukunft als eine Zeit zu entwickeln, die verwaltet und vorweggenommen werden kann.

Erste Methoden der Zukunftsvorausschau

Wer	Was	Wann
Sumer	Kalender, Wahrsagerei	2400 v. Chr.
Harappa (Pakistan)	Bretter, Würfel	2000 v. Chr.
Das alte China	Orakel, Knochenlesen	1300 v. Chr.
Babylon	Horoskope	700–500 v. Chr.
Griechenland	Orakel, Seher	700 v. Chr.
Maya	Kalender	500 v. Chr.
Indien	Handlesen	500 v. Chr.
Rom	Kristallkugel	1. Jahrhundert v. Chr.

Dieses Zukunftsmanagement der Sumerer hatte zwei Merkmale. Erstens war der Blick in die Zukunft den Eliten vorbehalten. Dies war insofern sinnvoll, als der Einzelne in stark hierarchischen Gesellschaften ohnehin wenig Einfluss auf sein eigenes Leben hatte, und wie bereits erwähnt, hängt der Zukunftsbegriff als solcher stark mit dem des Einflusses und der Verantwortung zusammen. Aber zweitens war die Zukunft für die Sumerer nicht etwas, das man in irgendeiner Weise ändern, sondern nur vorhersehen konnte, wenn man die Omen richtig las. Demzufolge konnte man sich zwar auf ein Hochwasser vorbereiten, aber wenn dies katastrophale Ausmaße annahm, dann, weil die Götter es so gewollt hatten, und keine Vorbereitung der Welt hätte dies geändert.

Die Babylonier (die Zivilisation, die in Mesopotamien den Sumerern folgte) änderten dies. Zunächst gingen sie von einer bloßen Beobachtung der Sterne und der Aufzeichnung ihrer Position dazu über, zu berechnen, wann ein Stern wieder auftauchen würde. Dies war geradezu revolutionär, denn es veränderte die Art und Weise, wie sie ihre Umwelt und damit auch die Zukunft sahen. Plötzlich war diese nicht mehr ein zufälliges Auftreten von Ereignissen durch launige Götter, sondern eine Wiederholung vorhersehbarer Muster. Von der bloßen Beobachtung der Sternbewegungen waren die Babylonier dazu übergegangen, ihre zukünftigen Positionen vorherzusagen.

In ihrem Enthusiasmus schossen die Babylonier etwas über das Ziel hinaus: Sie waren nun davon überzeugt, eine ganze Reihe von Dingen vorhersagen zu können, die nichts mit den Sternen zu tun hatten, wie etwa das Leben und die Persönlichkeit von Menschen, die unter einem bestimmten Sternzeichen geboren wurden. Das Horoskop (wörtlich:

»die Zeichen der Stunde«, d.h. der Geburtsstunde) wurde irgendwann zwischen 700 und 500 v. Chr. entwickelt.[69] Damit machten die Babylonier die Zukunft nicht nur zu etwas, das mit mathematischer Genauigkeit vorhergesagt werden konnte, sie legten auch die Grundlagen für das Zukunftsmanagement des Einzelnen. Während das Horoskop zunächst dem König und später den Eliten des Königreichs vorbehalten war, verbreitete es sich später in anderen Gesellschaftsschichten und natürlich auch in anderen Ländern und Kulturen.

Im Allgemeinen war es jedoch so, dass die Menschen zu diesem Zeitpunkt die Zukunft nicht stark beeinflussen konnten: Fatalismus und Determinismus waren die vorherrschenden Haltungen. Dies hatte auch etwas damit zu tun, dass es das Konzept der Rechenschaft und Eigenverantwortung vor Gott so nicht gab: Bei den alten Römern gab es kein Paradies als Belohnung für gutes Benehmen, fast alle Menschen endeten in der Unterwelt (nur einige Auserwählte kamen ins Elysium, eine Art Nebenhimmel für Menschen, die die Götter für besonders würdig hielten), und der Olymp war den Göttern vorbehalten. Die kleine Zukunft gab es sicherlich, aber alles andere war außerhalb der menschlichen Reichweite.

Sie sind am Zug: die Zukunft als Wahlmöglichkeit

Dies änderte sich, als zunächst der Hinduismus und der Buddhismus und später das Christentum und der Islam (und in gewissem Maße davor schon das Judentum) eine radikal neue Idee einführten: die Verantwortung für das eigene Handeln nach dem Leben auf dieser Erde. Alle fünf Weltreligionen postulieren ein mehr oder weniger fernes Ende aller

Dinge, aber sie unterscheiden sich ein wenig in der Frage der individuellen Verantwortlichkeit. Im Hinduismus und im Buddhismus bestimmen die Handlungen in diesem Leben das nächste und beruhen auf der Vorstellung der Wiedergeburt. Im Christentum und im Islam werden die Menschen in den Himmel oder in die Hölle kommen, je nachdem, wie sie sich vor dem Tod auf der Erde verhalten haben. Im Judentum unterscheiden sich die verschiedenen Strömungen auch danach, inwieweit das persönliche Handeln darüber entscheidet, wo man nach dem Tod landet.[70] Natürlich gingen Christentum und Islam nach wie vor davon aus, dass Gott, als Herrscher über alles, auch die Zukunft und damit das Schicksal des Einzelnen schuf, aber in diesem Rahmen war die persönliche Verantwortung entscheidend. Mit anderen Worten, Gott gab den Menschen die Gelegenheit, richtige und falsche Entscheidungen zu treffen, um sie danach dafür zur Rechenschaft zu ziehen.

Der Hauptbestandteil der persönlichen Verantwortung ist natürlich der freie Wille und damit die menschliche Handlungsfähigkeit. Das Verbot der Wahrsagerei im Christentum und im Islam unterstrich dies: Die Zukunft ist deshalb nicht vorhersehbar, weil sie nicht nur durch Gott, sondern auch vom eigenen Handeln bestimmt wird.

Im Mittelalter verwässerte die katholische Kirche das christliche Konzept der persönlichen Verantwortung: Sie führte zunächst das Konzept des Fegefeuers ein (ein Ort zwischen Himmel und Hölle, an dem Menschen ihre Sünden durch das Aussitzen von Strafen wiedergutmachen können) und später den Ablasshandel. Nun konnte man tatsächlich zahlen, um in den Himmel zu kommen, oder Sünden durch das Aussitzen von Strafen in diesem Leben wiedergutmachen.

Zwei Geistliche widersprachen dieser Art von Zukunftsvorstellung: Martin Luther war der Überzeugung, dass nicht die Taten, sondern allein der Glaube die Menschen vor Gott freisprechen würde. Damit war die Möglichkeit der Sühne durch Geld oder Strafe hinfällig. Auch deshalb schaffte das Protestantentum das Beichtgeheimnis ab und übertrug damit dem Einzelnen noch mehr Verantwortung für sein Handeln. Johannes Calvin wiederum war der Überzeugung, dass der Mensch, ob er nun einen freien Willen hat oder nicht, unabhängig von seinen Taten für ein von Gott vorbestimmtes Schicksal bestimmt ist.[71] Entgegen der landläufigen Meinung gibt es also nicht nur *ein* protestantisches Verständnis der Zukunft, sondern mehrere verschiedene. Gemein ist ihnen die Ablehnung der Möglichkeit, die eigenen Sünden in diesem Leben zu sühnen. Die eigene Verantwortung wiegt damit noch schwerer als im Katholizismus.

Die Entdeckung der Zukunft

Die echte Stunde null der Zukunft, so wie wir sie heute verstehen, ereignete sich im 17. Jahrhundert: Da begann die Zukunft als eine Zeit, die in erster Linie das Ergebnis menschlichen Handelns war und nicht mehr so sehr eine, in der Gott die Menschen richten würde. Bis zu diesem Zeitpunkt war Wissenschaft kein eigenständiger Bereich, die Welt wurde hauptsächlich durch Theologie und Philosophie erklärt und verstanden. Doch dann, nach Kopernikus, Galilei und Kepler, waren Physiker wie René Descartes und Isaac Newton davon überzeugt, dass die Welt tatsächlich wie eine Maschine funktioniert, dass sie eine mechanische Abfolge von Ereignissen ist, die sich gegenseitig bedingen. Descartes lehnte zusammen mit dem schottischen Philosophen David Hume die Kausalität von Aristoteles und anderen ab und legte damit den Grundstein für das, was wir heute noch glauben: Jede Wirkung hat eine Ursache.[72] In seinem 1748 erschienenen Buch *Untersuchung in Betreff des menschlichen Verstandes* schrieb Hume, dass Kausalität das »Prinzip ist, das die Vergangenheit mit der Zukunft verbindet«.

Mit jeder gefundenen Ursache wurde die Welt und mit ihr die Zukunft berechenbarer. Dies war eine so bahnbrechende Idee, dass sich viele Philosophen tatsächlich als wissenschaftliche Revolutionäre betrachteten. Sie entdeckten, dass sich die Sonne nicht um die Erde dreht, dass die Schwerkraft das Ergebnis der Planetenrotation ist und vieles andere mehr. Was in der Astronomie begann, weitete sich schnell auf alle anderen Bereiche des menschlichen Lebens aus, etwa auf die Medizin, die Biologie und später auch auf die Sozialwissenschaften. Und so begann das bis heute anhaltende Streben, alles zu verstehen.

Wenn jede Wirkung eine Ursache hat, sind Gottes Wege nicht mehr rätselhaft, sondern die Welt kann verstanden werden und damit auch die zukünftigen Auswirkungen. Plötzlich war die Zukunft in erster Linie das Ergebnis menschlichen Handelns. Mit dieser Verantwortung kamen andere, größere Fragen, wie zum Beispiel: Wenn die vor uns liegende Zeit uns gehört, was machen wir damit? Hat das alles einen tieferen Sinn, und gibt es irgendeinen Weg herauszufinden, was wir tun sollen?

»Die Zukunft ist das, was du daraus machst.«

Doc Brown, Zurück in die Zukunft III (1990)

KAPITEL II

Bedienelemente und Geräteteile: Woraus besteht die Zukunft?

Die Zukunft besteht aus vier Teilen: dem Einschaltknopf, der Gegenwart, der Vergangenheit und der Kreativität, und zwar für jeden von uns. Doch wie diese zusammenspielen, wie groß oder klein jeder Teil ist, ist von Mensch zu Mensch sehr unterschiedlich. Das liegt daran, dass die Zukunftskomponenten zwar theoretisch gleich für alle sind, aber praktisch sehr von uns selbst abhängen: von unserem Alter, wie wir uns in unserem Körper fühlen, unserer Kultur, unserer Persönlichkeit, unseren Erfahrungen, unseren Werten, unseren Zielen und sogar von unserer aktuellen Stimmung. Genau wie unsere Fingerabdrücke sind auch die Elemente, die unsere Zukunft ausmachen, einzigartig für jeden Einzelnen. Und was für Einzelpersonen gilt, gilt auch für Unternehmen, Regierungen und ganze Länder, denn sie verwenden genau die gleichen Elemente, um ihre jeweilige Zukunft zusammenzustellen.

1. DER EINSCHALTKNOPF

Unser Geist hat im zeitlichen Sinne drei Gänge: Vergangenheit, Gegenwart und Zukunft. Er kann zwar zwischen ihnen hin und her springen, aber nicht in zwei Zeiten gleichzeitig sein. Das Denken an die Zukunft geschieht deshalb nur dann, wenn wir nicht auf etwas anderes voll konzentriert sind. Wenn wir panisch über den PIN-Code unserer EC-Karte nachdenken, können wir nicht gleichzeitig an den nächsten Urlaub denken.

Wie schaltet man sie also ein? Es gibt zwei Möglichkeiten: Wir können unsere Aufmerksamkeit absichtlich dorthin lenken, oder wir tun es unbewusst, fast zufällig. Während Ersteres die bewusste Planung mit all ihren Unterarten ist, kennen wir Letzteres als geistiges Abschweifen oder als Tagträumen. Beide Bewusstseinszustände haben unterschiedliche Ziele und führen zu unterschiedlichen Ergebnissen, aber einer ist nicht besser als der andere, man braucht beide für die Zukunft. Während Gruppen wie Regierungen und Unternehmen zur Planung tendieren, neigt der Einzelne eher zum Tagtraum – aber auch hier gilt, beide täten gut daran, auch mal die andere Methode regelmäßig anzuwenden.

Beginnen wir mit dem Tagtraum, eine Aktivität, die alle von uns gut kennen. In ihm schwingt der Geist sich wie ein Affe von Baum zu Baum, von einem Gedanken zum nächsten. Der Geist legt damit dann los, wenn er nichts anderes zu tun hat – wobei »nichts anderes« auch einfach etwas Langweiliges sein kann wie warten oder einer Vorlesung zuhören, oder etwas tun, was das Gehirn nicht besonders anstrengt, wie Auto fahren oder Tomaten schneiden. Für die Wissenschaft war dies übrigens eine erstaunliche Entdeckung, als es auf Gehirnscans entdeckt wurde – lange Zeit dachte man, ein Gehirn im Standby-Modus tut nichts und sitzt nur herum.

Studien zeigen, dass unser Geist sehr oft auf eigene Faust unterwegs ist. Fast die Hälfte unserer Wachzeit beschäftigt er sich mit sich selbst – und das meiste seines Mäanderns betrifft die Zukunft.[73] Meistens tut unser Geist dies mittels spielerischer, konstruktiver Bilder von Dingen, die wir tun müssen oder wollen, unerfüllter Wünsche (von Objekten unserer Zuneigung bis hin zu Karrierezielen oder sogar Rachegelüsten) und einer Reihe anderer Dinge, die die Zukunft betreffen.

Es ist zwar nicht ganz klar, warum der Verstand bestimmte Elemente häufiger durchläuft als andere, aber es gibt Indizien dafür, dass er es besonders für Dinge tut, bei denen er glaubt, Vorbereitung wäre wahrscheinlich keine schlechte Idee. Der Geist wird in seinem Tagtraum zum Beispiel weniger darüber grübeln, wie man Kaiserslautern schreibt, aber schon eher darüber nachdenken, was wir in der Ansprache nächste Woche so erzählen wollen. Eine Studie hat gezeigt, dass Personen, die wussten, dass sie später einen Geografietest machen mussten, 70 Prozent ihrer Zeit damit verbrachten, über Geografie nachzudenken. Wenn die Probanden nicht über den Test informiert wurden, beschäftigten sich nur zehn Prozent in den Tagträumen mit Fragen der Geografie.[74] Aber bei Tagträumen geht es nicht nur um Vorbereiten, sondern auch um Wünsche, Aufgaben, Ambitionen, Sorgen und Träume. Gedanken öfter mal wandern zu lassen, ist daher keine schlechte Methode, um sich selbst besser kennenzulernen und vielleicht der gewünschten Zukunft näherzukommen. Es hat aber darüber hinaus noch andere wichtige Funktionen.

Von der Nützlichkeit des Tagträumens

Tagträumen ist ein müheloser und spontaner Zeitvertreib, und es kann sogar angenehm und entspannend sein. Eben denkt man noch an den nächsten Urlaub, schon fragt man sich, was man dort zu Abend essen wird, dann, was man dabei anhat und deshalb einpacken sollte, und im Nu fällt einem auf, dass man Sonnencreme kaufen muss. Egal woran wir denken, die Gedanken schweifen immer von selbst ab, es handelt sich also nicht um eine bewusste Entscheidung. Man kann nicht aktiv mit Tagträumen beginnen – aber man kann die Voraussetzungen dafür schaffen. Im 21. Jahrhundert ist das zunehmend schwieriger. Nicht nur, dass unser Bildungssystem nur wenig Raum für Fächer bietet, die dazu anregen, wie Kunst, Musik und Literatur; nein, im Gegenteil sedieren soziale Medien und das Smartphone oft unseren Geist, der sonst auf Wanderschaft gegangen wäre. Denn wenngleich das ständige Googeln die Neugier des wandernden Geistes befriedigt, bewirkt das Scrollen das Gegenteil – es wird nicht mehr von Ast zu Ast geschwungen, sondern am Fließband gedacht.

Das ist deshalb ein Problem, weil freies assoziatives Denken einen wichtigen Zweck erfüllt. Trotz seines unverdientermaßen schlechten Images als Faulheit ist Tagträumen ein zielgerichteter, wertorientierter und zutiefst kreativer Prozess.[75] Durch Tagträumen werden verloren geglaubte Erinnerungen nach oben gespült, uns fallen siedend heiß Dinge ein, die wir nicht vergessen dürfen, wir spielen mit Ideen für die Zukunft und kommen dadurch auf völlig neue. Studien zeigen, dass Menschen, die häufig tagträumen, höhere intellektuelle und kreative Fähigkeiten aufweisen und über effizientere Gehirnsysteme verfügen.[76] Langeweile ist dabei ganz besonders wichtig: Gerade weil unser Geist Langeweile hasst, wird er sich umso mehr selbst unterhalten, je gelangweilter er ist. Die besten Ideen haben wir daher oft, wenn wir besonders gelangweilt sind. Wenn Langeweile das Gehirn zum Sport bewegt, sind die sozialen Medien der Zucker, der es auf der Couch sitzen lässt.

Klar, nicht alle Tagträumereien sind angenehm. Manchmal tauchen sie in wirklich unpassenden Momenten auf, etwa wenn kurz vor dem Einschlafen der Geist anfängt, unaufgefordert die Liste der Dinge durchzugehen, die noch bald erledigt werden müssen. Man nennt dies intrusive Kognition, wenn wir den Geist trotz bester Bemühungen nicht von spontanen Zukunftsgedanken abhalten können.

Leider können Unternehmen, Gesellschaften und Regierungen nicht gemeinsam tagträumen, aber es gibt Methoden, die diesen Prozess imitieren. »Horizon-Scanning« und »Szenarien« sind nur zwei Instrumente der strategischen Vorausschau, mit denen eine Gruppe von Personen gemeinsam die Zukunft explorativ abwandert, genau wie beim Tagträumen. Explorativ bedeutet, dass in dieser Zukunft nichts konkret gesucht, sondern alles, was bemerkenswert erscheint, festgehalten wird – genau wie bei einer Expedition in ferne Länder auch.[77] Beim Horizon-Scanning wird im übertragenen Sinne der Horizont abgesucht nach allem, was einem so auffallen könnte. Bei Szenarien hingegen beginnt die Gruppe wie bei einer Gutenachtgeschichte mit einem Anfangspunkt und hangelt sich, wie der Geist es beim Tagträumen tut, von Idee zu Idee, um mögliche Kausalketten, Verflechtungen und unvorhergesehene Entwicklungen zu verstehen. Als politisches Instrument wurden Szenarien in den 1960er Jahren populär, als der amerikanische Physiker Herman Kahn begann, sie einzusetzen, um den möglichen Verlauf und die Folgen eines Atomkriegs zu durchdenken. (Er diente auch als eine der Inspirationen für *Dr. Seltsam oder: Wie ich lernte, die Bombe zu lieben* im gleichnamigen Film.)[78]

Obwohl die strategische Vorausschau in politischen Kreisen viel beliebter geworden ist als früher, werden ihre Methoden immer noch weniger oft eingesetzt, als es sinnvoll wäre. Das liegt daran, dass die meisten Bürokratien und Unternehmen die zweite Art des Einschaltens der Zukunft bevorzugen: das Planen. Dies liegt wahrscheinlich daran, dass das Planen einen (nicht unbedingt gerechtfertigten) Ruf von Seriosität und Effizienz hat – und dass Bürokratien meist voller Juristen und Wirtschaftswissenschaftler sind, zwei Berufsgruppen, die nicht gerade bekannt sind für ihre Vorliebe für alles Kreative.

Zukunftsplanung

Sowohl das Tagträumen als auch das Planen schalten also die Zukunft ein, aber es gibt einen entscheidenden Unterschied zwischen diesen beiden Methoden: Wo der Geist von alleine ohne einen bestimmten Grund loslegt, aktivieren wir die Planung bewusst und mit einem konkreten Ziel. Wenn man plant, weiß man bereits, wohin man geht oder was man erreichen will, und man konzentriert sich darauf und nur darauf. Der Verstand springt bei der Planung nicht assoziativ umher, sondern nutzt einen definierten Wissensschatz, um eine bestimmte Frage zu beantworten, die wiederum mit einer konkreten Entscheidung oder Handlung zusammenhängt.[79] Planung ist ein stark zielorientierter Prozess, es werden Schritte durchdacht, Zeitpläne entwickelt, Zielvorgaben vereinbart. In der Planung gibt es normalerweise keinen Platz für Erkundung, Vorstellungskraft oder Kreativität, und sie ist weder spielerisch noch explorativ.

Dass die Planung gedanklich enger gesteckt ist, sieht man auch auf Gehirnscans, es werden weniger Bereiche des Gehirns eingesetzt als beim Tagträumen. Aber weil es stark zielorientiert ist und bewusst und nicht spontan erfolgt, ist Planen kognitiv anstrengender als Tagträumen. Das merkt man schon daran, dass jeder problemlos eine Stunde Tagträumen über den kommenden Urlaub hinbekäme, aber wenig Lust hätte auf eine Stunde Reiseplanung.

Eine ganze Industrie hat sich unserer (Un-)Lust an der Planung verschrieben, weil sie mit einem Stift tatsächlich leichter fällt als nur in Gedanken. Tages- und Wochenplaner gibt es allerdings nicht erst seit der Hyperproduktivität des 20. Jahrhunderts, sondern schon seit der Buchdruck erfunden wurde. Aus irgendeinem Grund setzen Menschen sich gerne Ziele, schreiben sie auf und finden es enorm befriedigend, sie zu erreichen.[80] In der Mitte des 19. Jahrhunderts galt in den Vereinigten Staaten die Planung des Tages in einem kleinen Notizbuch sogar als Tugend, man fand, es sei ein Mittel, um ein besserer Mensch zu werden. In Deutschland entwickelte der Wirtschaftspsychologe Gustav Grossmann 1927 das *Glückstagebuch: Eine Einführung in die methodische Zeitplanung*, welches, wie der Name sagt, das Glück in der Planung wähnte.[81]

Planung oder Tagträumen – was ist besser?

Je nach Persönlichkeit wird man das Tagträumen als Spinnerei abtun oder die Planung als langweilig, aber in Wahrheit braucht man beide Methoden, um unseren Geist gedanklich in die Zukunft zu schicken. Durch Tagträumen allein werden der Urlaub, das Eigenheim oder die Krebsvorsorgeuntersuchung keine Wirklichkeit, das kann nur durch Planung erreicht werden. Aber die Planung wird nicht wissen, welches Ziel man überhaupt anstreben sollte, das kann nur das Tagträumen formulieren. Unternehmen oder Regierungen, die planen, ohne erst tagzuträumen, überspringen eine entscheidende Etappe in der Zukunftsbildung, sie übersehen dabei oft andere Optionen, Hindernisse oder ganz andere Ziele, die interessanter sein könnten. Kollektive Systeme aller Art – Parteien, Regierungen, Unternehmen, aber auch Schulen, Krankenhäuser oder zivilgesellschaftliche Organisationen – müssen ein System haben, das beide Herangehensweisen an die Zukunft zulässt, das Explorative und die Planung.

Umgekehrt gilt, dass Einzelpersonen, die nur tagträumen, ohne zu planen, selten ihr Ziel erreichen. Ein berühmtes Beispiel sind die guten Vorsätze fürs neue Jahr – diejenigen, die mit einem Plan untermauert sind (»fünfmal pro Woche trainieren«), haben eine Chance von fast 50 Prozent, umgesetzt zu werden, aber diejenigen, die keinen konkreten Plan haben (»mehr trainieren«), haben eine Erfolgsquote von nur acht Prozent.[82] (Solche Vorsätze scheitern oft auch daran, dass wir das Boot gern überfrachten: Zu viele Ziele auf einmal zu haben, heißt einfach nur, dass man wahrscheinlich keines erreichen wird.[83]) Wenn die Skizzen der Zukunft durch das Tagträumen entstehen, werden sie durch die Planung Realität.

Egal ob durch Tagträumen oder Planen, die Zukunft im Kopf ist nun eingeschaltet, und die anderen Bestandteile kommen ins Spiel.

2. DIE GEGENWART

Wenn die Zukunft einmal angeschaltet ist, kommt als Erstes die Gegenwart in den Mix. Das mag erst mal seltsam klingen, denn die Zukunft ist ja eben nicht die Gegenwart – aber sie wird von ihr zusammengehalten wie von zwei Buchdeckeln. Aus dem Jetzt heraus entscheiden wir, welche Zukunft erreicht oder verhindert werden soll, im Jetzt denken wir über die Zukunft nach. Und wenn wir damit fertig sind, kehren wir gedanklich zurück in die Gegenwart und setzen diese Zukunftsideen in Handlungen um im Hier und Jetzt. Die Gegenwart ist der einzige Ort in der Zeit, an dem wir tatsächlich aktive Entscheidungen treffen und handeln können, hier werfen wir Teller oder blättern Seiten um, hier setzen wir uns physisch und mechanisch mit der Welt um uns herum auseinander. Unsere Zukunft ist also immer auch ein Stück Gegenwart, oder: Ohne die Gegenwart schwebt die Zukunft schwerelos und frei im Raum herum. Eine Zukunft ohne eine Konsequenz für die Gegenwart ist im Grunde sinnlos.

Aber was ist die Gegenwart genau? Laut Neurologen und Physikern ist sie irgendwo zwischen 200 Millisekunden und zwei bis drei Sekunden lang, aber für unsere Zwecke reicht es zu sagen, dass das Jetzt für die meisten von uns das ist, was wir unmittelbar mit unseren Sinnen wahrnehmen können. Das sind natürlich die offensichtlichen fünf – ein Lied im Radio *hören*, verbrannten Toast *riechen*, Eis *schmecken*, eine warme Hand *berühren* oder einen Regenbogen *sehen* –, aber das sind nicht alle. Wir haben auch Sinne im Inneren unseres Körpers: Wir spüren Schmerz, Durst, Hunger, Müdigkeit. Im Gegensatz zu Vergangenheit und Zukunft ist die Gegenwart also eine grundlegend sinnliche Erfahrung, und der Körper ist das Vehikel dafür. Wir können zwar auch auf Gedanken an die Vergangenheit und die Zukunft körperliche Reaktionen haben, aber diese sind längst nicht so stark wie die, die wir in Bezug auf die Gegenwart zeigen. Und natürlich beschäftigen uns in der Gegenwart auch Gedanken. Gemeinsam lösen unsere körperlichen Sinne und unsere Gedanken Reaktionen in Form von Gefühlen aus. Diese Gefühle aus der Gegenwart fließen in unsere Zukunft ein: Wir sind heute in einer Beziehung unglücklich und beschließen, uns zu trennen, oder wir sind heute neidisch auf das neue Haus unseres Freundes und beschließen zu sparen, um uns in Zukunft selbst eines zu kaufen.

Gruppen »fühlen« etwas anders, aber der Mechanismus ist derselbe: Ein Gefühl aus der Gegenwart gibt uns Aufschluss darüber, was in der Zukunft erreicht oder verhindert werden soll. Proteste zum Beispiel sind im Grunde nichts anderes als der Ausdruck kollektiven Ärgers oder gemeinsamer Angst. Auch Unternehmen können die Gegenwart *spüren*: Sie können anhand ihrer Verkaufszahlen feststellen, ob ihr Produkt ein Hit ist, oder sie können Umfragen in Auftrag geben, um herauszufinden, was die Kunden als Nächstes wünschen. All dies sind Beispiele für Informationen aus der Gegenwart, die als Signale dafür dienen, was eine bestimmte Zukunft betrifft.

Die Sache hat nur einen Haken: Die Gegenwart kann zwar mit dem übereinstimmen, was man in der Zukunft will, aber dies ist nicht immer der Fall. Manchmal bringt die Gegenwart unsere Zukunft in die Bredouille.

Die Gegenwart hat Vorfahrt

Denn das Jetzt mag uns Signale über die Zukunft geben, nicht alle davon sind korrekt. Das liegt erstens daran, dass das Jetzt uns ziemlich auf Trab hält: Da sind Babys zu füttern, Busse zu erwischen und der Müll rauszubringen. Das ist auf kollektiver Ebene nicht anders, Regierungen eilen von einer Krise zur nächsten, und Unternehmen feilen an Quartalsreports und lancieren Kampagnen und entwickeln parallel neue Produkte. Problematisch daran ist, dass uns bei all dieser Hektik oft gar nicht bewusst ist, ob wir die Zukunft, zu der wir unterwegs sind, überhaupt (noch) wollen. Dann führt die Gegenwart dazu, dass wir auf dem Weg sind zur falschen Zukunft.

Aber nicht nur das ist das Problem. Manchmal sind wir auch so sehr von der Gegenwart absorbiert, dass wir sogar vergessen, dass es die Zukunft überhaupt gibt. In der Wissenschaft nennt man das Zukunftsskonto, wenn man die Zukunft zugunsten der Gegenwart vergisst, quasi Kredit aufnimmt, der in der und von der Zukunft zurückbezahlt werden soll. Auf das Zukunftsskonto greifen wir dann gern zurück, wenn wir uns in einer Krise befinden. Wie wir gesehen haben, liegt das daran, dass das Gehirn nicht in zwei Zeiten gleichzeitig funktionieren kann. Wenn wir also eine Krise managen, sind wir quasi in und von der Gegenwart blockiert und haben keine Zeit und kognitive Kraft, um mal schnell in die Zukunft zu springen. Die Gegenwart hat dann Vorfahrt vor allem anderen. In Notsituationen, wenn wir beispielsweise beim Radfahren einem Auto ausweichen müssen, werden die Teile unseres Gehirns buchstäblich abgeschaltet, die für das längerfristige Denken zuständig sind. In diesem Fall liefert uns die Gegenwart keinerlei Informationen für die Zukunft, denn die Verbindung zur Zukunft ist neurologisch unterbrochen.

Nicht nur Notsituationen blockieren den Zugang zur Zukunft, sondern alles, was die körperlichen Wahrnehmungen angenehm verändert, wie Alkohol, Rauchen, Drogen, Zucker, Glücksspiel und Sex – auch deshalb sind diese Dinge oft im Spiel, wenn wir Entscheidungen im Jetzt treffen, die nicht gut für unsere Zukunft sind. Auch Müdigkeit wirkt sich auf unsere Zukunftsfähigkeit aus: Laut einer Studie entschieden Studenten sich für manche Kurse nicht wegen des Inhalts, sondern wegen der späteren Uhrzeit. Das Schlafbedürfnis im Jetzt bestimmt damit, zumindest zum Teil, ihre berufliche Zukunft.[84]

Das dritte Problem mit dem Jetzt ist, dass seine Informationen über die Zukunft nicht immer zuverlässig sind: Wir überschätzen gern, wie viel vom Jetzt in der Zukunft noch vorhanden sein wird. Gefühle, die wir in der Gegenwart haben, egal ob positiv oder negativ, werden automatisch in die Zukunft projiziert – aber sie sind oft falsch. Man bestellt zu viel zu essen, wenn man hungrig ist, plant einen Urlaub in einem besonders heißen Land, wenn es gerade kalt ist, oder schließt eine Unfalltodversicherung ab, wenn man gleich ängstlich in ein Flugzeug steigt. Menschen in Beziehungen überschätzen, wie lange es dauert, über eine Trennung hinwegzukommen. Und die unter uns, die von einem Lottogewinn träumen, denken, er würde sie *für immer* glücklich machen (Spoiler: wird er nicht).[85]

In der Psychologie nennt man die allgemeine Schwierigkeit bei der Einschätzung, wie wir uns in der Zukunft fühlen werden, weil wir so sehr in der Gegenwart verhaftet sind, die Projektionsverzerrung.[86] Es gibt viele Gründe dafür: Wir unterschätzen allgemein, wie gut wir mit Veränderung umgehen (wahrscheinlich, weil wir sie einfach nicht mögen), und wir ziehen grundsätzlich das Bekannte dem Unbekannten vor, selbst wenn die potenziellen Vorteile des Unbekannten die potenziellen Verluste überwiegen.[87]

Der Grund für zu viel Gegenwart

Der Begriff Zukunftsskonto meint also nichts anderes, als die Probleme der Gegenwart auf unser zukünftiges Ich zu schieben. Das Ich von morgen darf sich dann mit Kater, Krebs, Schulden, Übergewicht oder wütenden Partnern herumschlagen. Bis zu einem gewissen Grad ist das normal, aber manche Menschen greifen besonders oft aufs Zukunftsskonto zurück, warum, ist nicht ganz klar bisher.[88] Wie wir schon gesehen haben, hängt diese Tendenz zum Teil auch davon ab, wie stark wir die Verbindung fühlen zwischen unserem Ich der Gegenwart und dem der Zukunft.[89] Studien zeigen, dass dies je nach Kultur stärker oder schwächer ausgeprägt ist. So fühlte sich die Zukunft für chinesische Teilnehmer näher an als für Europäer, Amerikaner und Kanadier, weshalb es ihnen leichter fiel, bei Entscheidungen im Jetzt die Konsequenzen im Auge zu behalten. Andere Studien bestätigten dies auch für Korea und Japan.[90]

Auch persönliche Eigenschaften wie Alter oder Urvertrauen spielen eine Rolle, wenn es darum geht, wie sehr wir der Gegenwart gegenüber der Zukunft Vorfahrt gewähren. Kindern unter fünf Jahren zum Beispiel fällt es extrem schwer, die unmittelbare Bedürfnisbefriedigung aufzuschieben.[91] Aber auch das Vertrauen, in die Umwelt, in die Zukunft, in das politische System, ist ein wichtiger Faktor in dieser Entscheidung.[92] Die Fähigkeit, auf die Zukunft zu warten, ist also keine angeborene Eigenschaft, sondern auch das Ergebnis unseres Umfelds. Haben wir gelernt, dass Versprechen eingehalten werden, wird das Verschieben der Bedürfnisbefriedigung uns leichter fallen als umgekehrt. Und natürlich hängt die Fähigkeit zu warten auch von der Zeitdauer ab, die wir warten sollen. In einer Studie wurden Testpersonen kleinere finanzielle Summen sofort oder größere in 15 bis 25 Jahren versprochen – fast alle Teilnehmer entschieden sich für die unmittelbare Auszahlung, auch wenn der Unterschied erheblich war. Wenn die Zukunft zu weit weg ist oder wir nicht darauf vertrauen können, dass sie so eintritt wie versprochen, werden wir sie erst recht zugunsten der Gegenwart skontieren.

Dies Konzept gilt nicht nur für einzelne Menschen, sondern auch für Gesellschaften insgesamt. Für viele Regierungen sind die dramatischen Auswirkungen des Klimawandels einfach zu weit weg, als dass er kognitiv erschließbar wäre (auch wenn sich das gerade ändert), daher hat die Gegenwart lange Vorfahrt gehabt.[93] Und nichts untergräbt das Vertrauen in die Zukunft so sehr wie Inflation: Gerade weil man nicht weiß, wie viel das Geld in der Zukunft wert ist, würgt die Inflation der Zukunft quasi die Luft ab. Jede wirtschaftliche Aktivität, die ein Mindestmaß an Vertrauen in die Zukunft erfordert, wie es etwa bei Investitionen nötig ist, wird dadurch gedrosselt. Und weil Menschen mit steigenden Preisen rechnen, kaufen sie jetzt mehr und auch schneller und fachen die Inflation damit weiter an.

In dem Maße, in dem die Zukunft unsicher wird, schrumpft für uns ihre Sichtbarkeit, und wir treffen automatisch besonders gegenwartsorientierte Entscheidungen.

In diesem Zusammenhang gibt es jedoch auch eine gute Nachricht: Wir sind nämlich nicht dazu verdammt, die Zukunft ständig zugunsten der Gegenwart zu vergessen. Jede Art von Bildung hilft dabei, einen Sinn für Belohnungsaufschub zu entwickeln, schließlich führt Lernen später zu guten Noten – meistens. Bildung vermittelt auch einen Sinn für die Geschichte (warum das wichtig ist, wird im nächsten Abschnitt erklärt).[94] Und Bewusstmachung allein hilft auch schon: In einer Studie wurden Raucher aufgefordert, kurz an die Zukunft zu denken, und danach rauchten sie tatsächlich weniger bis gar nicht. Man kann sich also aktiv aus der Gegenwart herausholen und wieder mehr Zukunftsbewusstsein entwickeln.

3. DIE VERGANGENHEIT

Die Vergangenheit gilt als das Gegenteil der Zukunft, aber eigentlich ist sie so ziemlich dasselbe, zumindest aus neurologischer Sicht. Dank neurowissenschaftlicher Forschung wissen wir, dass die Zukunft an der gleichen Stelle im Gehirn zusammengesetzt wird, in der wir die Vergangenheit konstruieren. Sich an etwas Vergangenes zu erinnern oder sich etwas Kommendes vorzustellen, sind zwei fast identische Prozesse, nur in unterschiedliche Richtungen. Damit hat die Weiße Königin aus der Fortsetzung von *Alice im Wunderland* recht, wenn sie über die Zukunft sagt: »Es ist eine schlechte Art von Gedächtnis, das nur rückwärts funktioniert«, denn neurologisch funktioniert das Gedächtnis auch nach vorne, in die Zukunft.

Nicht alles, woran wir uns erinnern, wird für die Zukunft nützlich sein, sondern ganz besonders das, was man als episodisches Gedächtnis bezeichnet. Bei dieser Art von Gedächtnis speichern wir Erlebnisse in Form von Geschichten ab, einschließlich Bildern, Gefühlen, Charakteren und einem übergreifenden Erzählungsbogen – genau wie in einer Episode aus einer Serie, daher die Bezeichnung »episodisch«. Jede Erinnerung, die so abgerufen werden kann – ein Urlaub auf den Kanarischen Inseln, ein schwieriges Vorstellungsgespräch oder der Hochzeitstag –, erscheint vor unserem geistigen Auge wie ein Film. Dies funktioniert auch in die andere Richtung: Der nächste Urlaub oder die nächste Geburtstagsfeier werden vor dem geistigen Auge wie ein Film erscheinen, und das nennt man episodische Voraussicht.[95]

Episodisches Gedächtnis und episodische Voraussicht stehen in direktem Zusammenhang: Je mehr episodische Erinnerungen wir haben, desto mehr episodische Voraussicht können wir entwickeln. Deshalb fällt es kleinen Kindern, Teenagern oder Amnesie-Patienten schwer, sich die Zukunft vorzustellen, weil sie keine oder nur eine kleine Erinnerungsdatenbank haben.[96] Ohne Vergangenheit ist also auch keine Zukunft möglich. Ironischerweise bedeutet dies auch, dass die Fähigkeit, sich die Zukunft vorzustellen, nicht davon abhängt, wie viel Zeit wir noch haben, sondern wie viele Erinnerungen wir gesammelt haben. Ältere Menschen sind also objektiv besser darin, sich die Zukunft vorzustellen, als jüngere.

Nicht nur eigene Erfahrungen werden in unsere Datenbank eingespeist, sondern auch die von anderen. Diese können von Menschen sein, die wir persönlich kennen oder über zwei Ecken, sie können von Prominenten stammen oder aus der Presse, dem Fernsehen, aus Filmen oder Büchern. Alle Geschichten sind sozusagen Secondhand-Erinnerungen, und erweitern nicht nur unsere Datenbasis, sie führen noch zu einem weiteren Effekt, der für die Zukunftsfähigkeit nützlich ist: Sie stärken den Empathie-Muskel. Wer sich gut in andere Menschen hineinversetzen kann, kann sich also nicht nur seine eigene Zukunft vorstellen, sondern auch, wie andere darauf reagieren oder wie sie ihre eigene Zukunft sehen.[97] (Abgesehen davon fühlen sich Geschichten einfach gut an: Wenn wir eine hören, schüttet unser Körper Oxytocin aus, das soziale Bindungshormon.[98]) Etwas platt gesagt, haben empathische Menschen und Menschen, die sich für Geschichten aller Art interessieren, also mehr Zukunft. Denn ob eine Geschichte von uns selbst erlebt wurde oder von jemand anderem, macht für die Zukunftsbildung wenig Unterschied. Geschichten anderer können uns für die eigene Zukunft inspirieren oder abschrecken. Tom Cruise in *Top Gun* ließ die Bewerberzahlen 1986 bei der amerikanischen Marine gleich um das Fünffache hochschnellen, weil viele Zuschauer sich für sich selbst genau diese Zukunft wünschten. Umgekehrt stieg die Helmnutzung beim Skifahren von 25 auf 83 Prozent nach Michael Schumachers Skiunfall – eben weil viele genau diese Zukunft für sich nicht wollten.

Nicht nur Individuen haben ein episodisches Gedächtnis, auch Gruppen oder Kollektive haben eines, sei es als Stadt, Volk, Staat oder Unternehmen – und dieses gemeinsame episodische Gedächtnis nennen wir »Geschichte«. Heutzutage finden viele Geschichte altmodisch und langweilig, aber ihre Entdeckung als Disziplin war einer der größten menschlichen Lernbeschleuniger. Natürlich haben Menschen schon immer Geschichten ausgetauscht, vor allem, um voneinander zu lernen, das nennt man dann Geschichtsschreibung. Geschichtswissenschaft aber, also die methodische und objektive Untersuchung von Geschichte, gibt es erst seit dem 19. Jahrhundert etwa. Als zur gleichen Zeit die Schulpflicht dazu führte, dass immer mehr Menschen lesen und schreiben konnten, wuchs der kollektive Datenschatz unfassbar an. Jetzt waren die Erfahrungen aller unserer Vorfahren für jeden zugänglich.

Geschichte ist also nicht nur eine Menge alter Geschichten, sondern eine Sammlung von Erfahrungen, aus denen wir für die Zukunft lernen können. Je mehr Geschichtsbewusstsein, desto mehr Zukunftsbewusstsein.

Die Vergangenheit in der Zukunft

Was machen wir nun mit dieser Datenbank aus Episoden? Im Wesentlichen dient all unser Wissen dazu, Was-wäre-wenn-Szenarien zu erstellen: Wenn dies geschieht, dann folgt jenes. Das macht für uns die Entscheidungsfindung schneller und einfacher, weil wir nicht für jede einzelne Entscheidung mehrere Konsequenzen durchdenken müssen, und es macht die Zukunft etwas vorhersehbarer. Jeder von uns hat ein solches inneres Hochrechnungsmodell, was ständig die Zukunft projiziert: Wenn ich um 16 Uhr losfahre und eine Zugverspätung von 15 Minuten einkalkuliere, kann ich für 17 Uhr einen Termin vereinbaren.

Aber der Nutzwert der Vergangenheit für die Zukunft hat seine Grenzen. Sie dient in erster Linie als Datenbank für Erprobtes und Bewährtes, weniger für Neues und Unbekanntes. Auch deshalb neigt der Mensch dazu, jeden Tag denselben Weg zur Arbeit zu nehmen, an beliebte Urlaubsziele zurückzukehren, dieselbe politische Partei zu wählen und dieselben Marken zu kaufen, denn Wiederholung nimmt der Zukunft zum Teil das Unvorhersehbare.[99] Aber wir nutzen die Vergangenheit nicht nur, um sie zu wiederholen, sondern auch, um sie zu vermeiden, wenn die Erfahrungen negativ waren: nie wieder Tequila oder Dates mit Staatsanwälten, zum Beispiel.[100]

Politiker tun das genauso wie Einzelpersonen: Bei jeder politischen Krise wird eine historische Analogie aus dem Hut gezaubert, die die Gegenwart erklären und die unmittelbar zu ergreifenden Maßnahmen legitimieren soll. Die europäischen Staats- und Regierungschefs der 1930er Jahre etwa schworen sich, nicht wieder wie 1914 in einen Weltkrieg zu schlafwandeln, weswegen sie 1938 das Münchner Abkommen aushandelten – das heute trotz aller guten Absichten als Wegbereiter des Zweiten Weltkriegs angesehen wird. Um dann wiederum ein zweites München zu verhindern, griffen Großbritannien, Israel und Frankreich 1956 Ägypten an, nachdem Präsident Nasser den Sueskanal nationalisiert hatte. Dieser Angriff auf den Sueskanal war für Präsident Eisenhower und seine Berater eine Analogie zu Pearl Harbor 1941, als japanische Bomber den amerikanischen Marinestützpunkt angegriffen hatten.[101] Diese Liste könnte man endlos weiterführen, in jeder Krise hat eine historische Analogie einen Gastauftritt.[102]

Ganz gleich, ob wir Modelle erstellen, Stereotypen anwenden, Theorien entwickeln oder in Systemen denken, das Verfahren ist immer dasselbe: Wir verwenden Informationen aus der Vergangenheit, um allgemeine Aussagen zu treffen, die auch für die Zukunft gelten. Das funktioniert oft, aber nicht immer, und deshalb kann ein Zuviel an Vergangenheit die Zukunft durcheinanderbringen. Hierfür gibt es mehrere Gründe.

Zu viel Vergangenheit

Die Anwendung der Vergangenheit auf die Zukunft beruht auf dem Prinzip der Analogie, also auf der Idee, dass Dinge, die ähnlich aussehen, auch ähnlich sind. Aber jeder, der schon einmal aus Versehen Salz in seinen Kaffee gerührt hat, weiß, dass Ähnlichkeiten täuschen können.

Außerdem ist das, was wir als Vergangenheit bezeichnen, nie die gesamte Vergangenheit, in Wirklichkeit ist sie nur ein Bruchteil dessen, was wir erlebt haben. Das liegt daran, dass Erinnerungen nur eine begrenzte Haltbarkeit haben, ganz wie eine Tomate, die im Kühlschrank vergessen wurde. Erinnerungen, auch nützliche, verfallen einfach, wenn sie nicht genutzt werden. Unsere Datenbank verliert also ständig Daten. Das Gleiche gilt auch für kollektive Geschichte: Die allermeisten Dinge, die passiert sind, sind nicht bekannt und werden es auch nie sein, einfach weil niemand sie festgehalten oder weitergegeben hat oder weil die Beweise in einem Krieg oder einer Naturkatastrophe zerstört wurden. Das bedeutet, dass wir uns immer auf eine unvollständige Stichprobe stützen, um allgemeingültige Regeln aufzustellen.

Damit kommen wir zum nächsten Problem mit der Vergangenheit: Wir operieren nicht nur mit einer unvollständigen Stichprobe, sondern verwenden auch innerhalb der Stichprobe nicht alles gleichermaßen. Stattdessen verwenden wir hauptsächlich das, woran wir uns am leichtesten erinnern können. Bei politischen Ereignissen zum Beispiel erinnern wir uns vor allem an das, was zu unseren Lebzeiten (vor allem zwischen dem 20. und 35. Lebensjahr) stattgefunden hat, und verwenden diese deshalb häufiger als Analogien als andere, die vielleicht passender wären. Heutige Generationen werden sich viel leichter an den Fall der Mauer, den 11. September oder den Arabischen Frühling als an den Sueskrieg oder den Sturz des deutschen Kaisers erinnern. Deswegen sagt man auch, dass Generäle immer auf den letzten Krieg vorbereitet sind, den sie gerade geführt haben – anstatt sich Gedanken darüber zu machen, wie der nächste aussehen könnte. Bei persönlichen Erinnerungen greifen wir eben auch gern auf das zurück, was noch nicht lange her ist.

Um die Sache noch komplizierter zu machen, sind Erinnerungen nicht statisch, sprich, unser Gedächtnis ist kein Videorekorder, der Sachen einfach akkurat aufzeichnet. Stattdessen werden Erinnerungen ständig aktualisiert. Das hat den Vorteil, dass wir sie in unserer Wahrnehmung verändern, dass wir immer wieder daraus lernen können und damit unser inneres Hochrechnungsmodell verfeinern. Aber bisweilen passieren dabei Fehler, zum Beispiel verschmelzen wir mehrere ähnliche Erinnerungen zu einer einzigen. Wenn zwei Reisen sich ähneln, können sich die Urlaubserinnerungen miteinander vermischen.

Absurder – und noch nicht ganz erklärt – ist, dass wir uns auch oft einfach falsch erinnern. Gleich zwei Studien bestätigen, dass Menschen sich Jahre später falsch erinnerten, als sie gefragt wurden, wo sie waren, als sie von der Explosion der Raumfähre Challenger im Jahr 1986 oder vom 11. September erfuhren.[103] Vielleicht noch schlimmer ist, dass sie sich in ihrem Irrtum absolut sicher waren. Aber wie gewiss wir uns unserer Erinnerung sind, ist leider kein Indiz dafür, wie objektiv echt sie ist – unser Gehirn ist einfach sehr gut darin, uns seine eigenen Geschichten glauben zu lassen.[104]

Und was auf persönlicher Ebene passiert, passiert natürlich auch auf kollektiver Ebene. Ganz so, wie wir uns falsch erinnern, wie wir unserem Partner zum ersten Mal begegnet sind, kann sich auch eine ganze Gesellschaft falsch erinnern – oder alle zusammen können historische Fakten falsch interpretieren. Dahinter muss nicht unbedingt böse Absicht wie vorsätzliche Geschichtsfälschung stecken (obwohl auch das vorkommt). Vielmehr ist *die* Geschichte keine Tatsache, sondern *eine* Geschichte. Und wie diese Geschichte, die aus Geschichten besteht, erzählt wird, hängt ganz vom Kontext ab. Ein Beispiel sind die vielen antiken Gräber, bei denen erst jetzt dank DNA-Analyse entdeckt wird, dass es sich bei den toten Kriegern nicht um Männer, sondern um Frauen handelt.[105] Aber als diese Gräber (meist von Männern) entdeckt wurden, gab es nicht nur diese Technologie noch nicht, Frauen waren einfach keine Kriegerinnen – zumindest nicht in Europa. Die Geschichte wurde also aus der damaligen Gegenwart heraus verstanden, und heute wird sie anders gelesen.

Genau wie die persönliche Erinnerung ist die Geschichte also kein unverrückbarer statischer Fakt, sondern kann (und wird) immer wieder neu interpretiert und gelesen werden. Historiker wissen das im Prinzip, doch es kommt immer wieder zu Empörung, wenn Geschichte neu geschrieben werden soll.[106] Revisionismus mag nach Lüge klingen, aber er ist – oder kann – auch nur ein normaler Aktualisierungsprozess sein. Das ist auch nicht schlimm, denn die Funktion jeder Erinnerung – sei es persönlicher oder kollektiver – ist nicht Genauigkeit, sondern Nützlichkeit für die Zukunft. Wir schreiben beide Vergangenheiten um, wenn es uns nützlich scheint, die Zukunft genauer zu modellieren.

Das Wichtigste ist aber: Die Vergangenheit als Datenbasis ist leider nutzlos für alles, was neu ist oder noch nie dagewesen. Sich nur auf sie zu stützen, wäre ein schwerer Fehler, denn die Zukunft ist eben nicht nur eine Wiederholung oder Modifikation dessen, was schon war. Auch deshalb sollte man eine sehr kleine Strömung von Historikern, die versucht, Geschichte als groß angelegte Datenbank zu nutzen, um die Zukunft vorherzusagen (genannt »Cliodynamics«), nicht allzu ernst nehmen.[107]

4. DAS NEUE

Der letzte Teil, den wir benötigen, um die Zukunft zusammenzusetzen, ist vielleicht der wichtigste: die Kreativität. Denn ohne Kreativität würden wir die Zukunft für eine ständige Wiederholung der Vergangenheit halten. Wir wären ständig wahnsinnig überrascht – um nicht zu sagen unvorbereitet –, wenn etwas Neues passiert, sei es eine Zugverspätung, ein politischer Richtungswechsel oder ein neuer Modetrend. Nicht nur wären wir auf unangenehme Überraschungen nicht vorbereitet, wir würden auch viele Chancen verpassen. Wir würden wie die Chefs von Blockbuster (einem früheren Videoverleihunternehmen, an das sich niemand unter 30 Jahren erinnert) den Kauf von Netflix ablehnen, weil wir es uns einfach nicht vorstellen könnten, dass Menschen Filme gern direkt von der Couch aus bestellen. Oder wir wären wie Kodak, früher ein Weltkonzern, der Filme zum Fotografieren herstellte, und könnten uns nicht vorstellen, dass Menschen Digitalkameras besser finden. Wir würden uns nicht auf einen Job in einer anderen Stadt bewerben, weil wir uns kein anderes Leben vorstellen könnten als das, was wir jetzt führen, wir würden nicht auf Dates gehen, weil wir uns nicht vorstellen könnten, jemals jemanden zu treffen, der Literatur so sehr liebt wie wir. Wir würden keine neuen Urlaubsziele ausprobieren, weil wir uns nicht vorstellen könnten, dass irgendwas besser ist als Italien. (Ist es auch nicht.) Unser Leben wäre wie in *Und täglich grüßt das Murmeltier*, wenn wir uns nur auf das Bekannte und Wahrscheinliche verlassen würden.

Um genau das zu verhindern, brauchen wir Kreativität. Sie geht über das Wahrscheinliche hinaus und erkundet das Neue in der Zukunft. Kreativität ist »die Fähigkeit, originelle und ungewöhnliche Ideen hervorzubringen oder zu nutzen«.[108] Sie hat drei Bestandteile: Sie erfordert Vorstellungskraft (die Fähigkeit, mentale Bilder einer alternativen Gegenwart zu »sehen«), Originalität, also etwas, das neu, überraschend oder anders ist, und sie muss darauf ausgerichtet sein, ein Problem oder ein Rätsel zu lösen oder einem bestimmten Publikum eine Idee oder Vision anzubieten. Kreativität ist also nicht freischwebend, sondern an eine konkrete Fragestellung geknüpft, sie ist einerseits fantastisch und andererseits präzise. Das sieht man auch in Gehirnscans: Besonders kreative Menschen haben eine stärkere Verbindung zwischen zwei Hirnregionen, die normalerweise nicht miteinander im Austausch stehen, nämlich die Region, die für Konzentration und Aufmerksamkeitskontrolle zuständig ist, und die Region, die für Fantasie und Spontaneität zuständig ist.[109] Dies erklärt, warum die Kreativität eine Schlüsselrolle für den menschlichen Fortschritt spielt: Wann immer Menschen ein Problem erkannten und begannen, kreativ darüber nachzudenken, kamen sie auf neue und innovative Ideen, um es zu lösen.

Angewandte Kreativität

Aber ganz lange war die Menschheit als solche nicht besonders kreativ, eben weil die Zukunft nicht als etwas gesehen wurde, was man gestalten konnte. (»Innovator!« war zu der Zeit ein Vorwurf der Ketzerei.[110]) Aber dann entdeckten Seefahrer neue Kontinente, Wissenschaftler erlebten Durchbrüche in Medizin und Biologie, Ingenieure erfanden unglaubliche Maschinen, und Autoren begannen, das zu schreiben, was man heute Science-Fiction nennt. (Mit die Ersten waren *New Atlantis* von Francis Bacon, 1617, und *Christianopolis* von Johann Valentin Andreae, 1619). Richtig los ging es im 17. Jahrhundert mit der Entwicklung der Dampfmaschine, welche dann industrielle Verarbeitung von Eisen ermöglichte – und heute, menschheitsgeschichtlich wenig später, befinden wir uns im Zeitalter der Digitalisierung und Robotik. Jede Innovation zog weitere Innovationen nach sich, wie Isaac Newton es ausdrückte: »Wenn ich weiter nach vorne sehen konnte, dann nur, weil ich auf den Schultern von Riesen stand.« Jede kreative Zukunftsvision ermöglicht damit weitere Zukunftsvisionen.

Genau aus diesem Grund sieht es auch manchmal so aus, als würde Science-Fiction die Zukunft voraussagen können.

Sie tut das natürlich nicht, sondern sie inspiriert Erfinder dazu, das auszuprobieren, was sie vorschlägt. In *Star Trek*, einer Serie aus den 1960er Jahren, werden Geräte verwendet, die unseren Mobiltelefonen, Tablets oder MP3-Playern verdächtig ähnlich sehen. Auch Begriffe, die erst seit Kurzem in unserem täglichen Sprachgebrauch aufgetaucht sind, wie »Cyberspace« und »Metaverse«, kommen ursprünglich aus Science-Fiction-Romanen wie *Burning Chrome* (1982) und *Snow Crash* (1992). Virtual-Reality-Headsets hatten ihr Debüt im Film *Matrix* (1999), und U-Boote, Solarenergie und Raumfahrt beschrieb Jules Verne im 19. Jahrhundert, lange bevor sie tatsächlich erfunden waren.

Nicht nur Science-Fiction kann kreative Zukunftsvorschläge machen, quasi jeder kreative Geist kann es: Ein französisches Kartenset aus dem Jahr 1899, das sich das Jahr 2000 vorstellte, ist heute überraschend zutreffend, inklusive Videotelefonie, 3D-Druck und Automatisierung von Landwirtschaft und Industrie.[111] Und ein im Jahr 1900 veröffentlichter Artikel des amerikanischen *Ladies' Home Journal* mit dem Titel »Was in den nächsten hundert Jahren passieren könnte« sagte digitale Fotografie, größere Menschen, Fertiggerichte und Fernsehen voraus.

Nicht zuletzt wird gern dann etwas ganz Neues geschaffen, wenn der Zufall auf einen kreativen Geist trifft. Antibiotika, Aspirin oder die Entdeckung eines Kontinents wie Amerika waren so nicht geplant, aber die Entdeckung wurde umgehend kreativ genutzt. Der Motor, der die Zukunft zu mehr als einer Wiederholung der Vergangenheit macht, ist immer die Kreativität.

Wie ist man kreativ?

Ganz zu Unrecht hat die Kreativität das Image einer natürlichen Gabe, mit der man geboren wird oder eben nicht. Stattdessen gleicht sie eher einem Muskel, den man trainieren kann.

Zum Ersten beruht kreatives Denken zu einem großen Teil auf dem, was wir *divergentes* Denken nennen. Dabei suchen wir nicht direkt *eine* Lösung für ein Problem (das nennt man *konvergentes* Denken), sondern so viele wie möglich. Ganz wie beim Tagträumen erkunden wir die Landschaft der Möglichkeiten und sperren uns nicht direkt in der ersten Antwort ein. Wir verwenden zwar auch unsere Datenbasis der Erinnerungen, aber wir verwenden sie spielerisch, zum Beispiel überlegen wir, was in einer Situation hätte anders laufen können, oder versuchen, eine bestimmte Erinnerung neu zu deuten.[112] Wer divergentes Denken selbst ausprobieren möchte, setzt sich mit Stift und Papier hin und schreibt alle möglichen Lösungen für ein Problem auf. So einfach ist das, auch wenn es sich anfangs vielleicht komisch anfühlt. In der Gruppe kann man Werkzeuge wie Brainstorming oder, noch besser, Frage-Storming einsetzen: ein Treffen, bei dem die Teilnehmer keine Lösungen einbringen, sondern Fragen, die sie zu einem Problem oder einem Projekt haben. Auch das Durchdenken von Szenarien ist eine kreative Übung, es lädt zur Erkundung ein, stellt Zusammenhänge her, lässt Neues zu und stellt unausgesprochene Annahmen infrage. Übrigens beruht die überwiegende Mehrheit der strategischen Vorausschaumethoden auf Kreativität, selbst Trendanalysen kommen nicht ohne sie aus, denn nur so entgeht man der Falle, die Vergangenheit in die Zukunft zu projizieren.

Quantität hat dabei eine eigene Qualität, denn je mehr Ideen man hat, desto wahrscheinlicher ist es, dass sich darunter eine großartige befindet.[113] Das sieht man schon daran, dass die meisten Science-Fiction-Ideen eben keine Realität werden. Unter den oben erwähnten Karten von 1899 zum Beispiel waren einige absurde Ideen wie die von Feuerwehrmännern, die mit Fledermausflügeln über Paris kreisen, oder die Nutzung von Walen für die Seefahrt. Aber das ist normal bei der Entwicklung von neuen Ideen: Nicht jede Geschäftsidee wird zu einem erfolgreichen Unternehmen, und von Pablo Picassos 25 000 Kunstwerken sind nur eine Handvoll weltbekannt – aber das ist auch nicht der Punkt. Beim Nachdenken über die Zukunft geht es darum, Optionen zu schaffen, und je mehr, desto besser.

Zum Zweiten wird Kreativität durch Informationsvielfalt gefördert. Das kann auf viele Arten geschehen. Alles Außerordentliche und Unerwartete hilft dabei, ungewöhnliche Assoziationen oder Ideen zu haben. Das kann alles Mögliche sein, vom Aufwachsen in schwierigen Verhältnissen bis zum Leben in einem anderen Land.[114] Je mehr ungewöhnliche Erfahrungen ein Mensch macht, desto kreativer wird er, egal ob es in neue Länder reisen, neuen Menschen begegnen, neue Bücher lesen oder neue Filme schauen ist. Paradoxerweise ist das besonders dann wichtig, wenn man schon Experte zu einem Thema ist. Denn je mehr man zu einem bestimmten Thema weiß, desto weniger ist man in der Lage, es auf eine neue Art und Weise zu sehen. Genau deshalb können Experten die Zukunft ihres Fachgebiets übrigens nicht besser vorhersehen als Laien. Studien zeigen, dass besonders diejenigen neue Entwicklungen kommen sehen, die ein kreatives Mindset haben, die »nicht nur eine analytische Idee, sondern viele einsetzen und Informationen nicht nur aus einer, sondern aus vielen Quellen suchen«.[115] Hier sind die Algorithmen von YouTube und Co. unser Feind. Eben weil sie uns immer wieder etwas vorschlagen, was uns schon interessiert, verführen sie uns zu einer Monodiät an Informationen. Wenn man sich Kreativität als Sport vorstellt, sollte man eher cross- als übertrainieren.[116]

Zum Dritten spielen auch Emotionen eine Rolle bei der Kreativität. Je stärker wir unsere Gefühle unterdrücken, desto schwerer fällt es uns, uns die Zukunft vorzustellen. Aber im Gegensatz zum Bild des gequälten Künstlers muss man nicht übermäßig glücklich oder traurig sein, um kreativ zu sein, das Gegenteil ist sogar der Fall.[117] Je intensiver die Gefühle sind, desto weniger kreativ ist man. Das liegt daran, dass intensive Gefühle wie Ekel, Stress oder Angst den Fokus einschränken, und wir brauchen ein Gleichgewicht zwischen Fokus und Vorstellungskraft, um die Kreativität zu beflügeln.[118] Die richtige Dosis an Gefühlen, um die Kreativität in Gang zu bringen, liegt daher in der Mitte, etwa leichte Traurigkeit, Belustigung, Verärgerung oder Langeweile.[119]

Auch der Schlaf ist von enormer Bedeutung für die Förderung der Kreativität. Im Schlaf sucht das Gehirn explizit nach Verbindungen, die normalerweise keinen Sinn ergeben würden, »wie eine rückwärts gerichtete Google-Suche«[120], und spielt mit den verfügbaren Informationen, um zu sehen, was es daraus Neues schaffen kann. Ohne Träume wären wohl einige der größten Durchbrüche der Menschheit nie zustande gekommen.

Nicht zuletzt beeinflusst unsere Kreativität auch die Art, wie wir grundsätzlich über die Zukunft denken. Manche fühlen sich von Natur aus im Ungewissen wohl, suchen nach neuen Ideen und erkunden unbekannte Möglichkeiten, während andere mehr im Status quo zu Hause sind.[121] Wir unterscheiden uns auch darin, ob wir die Zukunft als einen Ort des Strebens und der Errungenschaften sehen oder als einen Ort, von dem Bedrohungen ausgehen.[122]

»Ich bin in der Zeit vorwärts gereist,
um alle alternativen Zukünfte zu sehen.
Um alle möglichen Ausgänge
des kommenden Konflikts zu sehen.«
»Wie viele hast du gesehen?«
»14 000 605.«

Doctor Strange, Avengers Infinity War (2018)

KAPITEL III

Inbetriebnahme: So funktioniert Zukunft

Das Hauptproblem mit der Zukunft ist, dass es einfach so viele davon gibt. Dafür gibt es viele Gründe. Es gibt eine große Anzahl von *Zukunftsagenten*, also Akteure, die die Zukunft beeinflussen – dazu zählen Politiker, Unternehmer, Wissenschaftler, aber auch wir selbst und sogar die Natur und das Universum –, und all diesen Zukunftsagenten stehen wiederum ständig in ihrem Tun multiple Möglichkeiten offen. Mit anderen Worten, es gibt exponentiell viele Möglichkeiten – aber nur eine davon wird sich als die Gegenwart von morgen verwirklichen. Einfach gesagt: Die Zukunft ist heikel, weil mehr Dinge passieren *können* als passieren *werden*. Ungewissheit ist also nichts anderes, als nicht genau zu wissen, welche der vielen Möglichkeiten schließlich Realität wird.

Das bedeutet nicht, dass wir die vielen Dinge, die passieren können, einfach hinnehmen müssen, im Gegenteil, wir haben ein Betriebssystem, das uns a) hilft, das Beste aus der Zukunft zu machen, und b) vor dem Schlimmsten schützt. Dieses System hat vier Stufen: In der ersten schafft es den Rahmen der ziemlichen Sicherheit, der gibt quasi vor, in welchem Zielkorridor die Zukunft stattfinden wird. In der zweiten Stufe identifiziert es die gefährliche Seite der Zukunft, also alles, was möglicherweise negative Auswirkungen für uns hat. Davor schützen wir uns dann so weit wie möglich. In der dritten Stufe wird festgelegt, was wir uns für die Zukunft eigentlich wünschen und wie wir es wahr werden lassen können. Und in der letzten Stufe schließlich lernen wir, mit der Überraschung umzugehen: Denn die Zukunft wird nie so gut oder schlecht sein, wie wir sie uns vorgestellt haben, sondern oftmals ganz anders.

1. MIT ZIEMLICHER SICHERHEIT: WAS WIR WISSEN

Im Gegensatz zu dem, was gerne behauptet wird, ist die Zukunft nicht *völlig* unvorhersehbar. Gerade heute, im 21. Jahrhundert, haben wir mehr Gewissheit denn je über viele Dinge, die vor uns liegen. Diese Gewissheit bildet den äußeren Rahmen, den Zielkorridor, in dem sich unsere Zukunft abspielt. Sie ist natürlich nicht absolut, eher ein Gefühl als eine Tatsache, ein hohes Maß an Vertrauen oder Überzeugung, dass etwas zu einem bestimmten Zeitpunkt geschehen wird oder nicht, aber sie ist das Fundament, auf dem jeder Zukunftsgedanke steht.

Dieses Gefühl wiederum setzt sich aus zwei Elementen zusammen: Frequenz – dem Wissen, *wann* etwas passiert – und Ursachen – dem Wissen, *warum* es passiert. Beide Arten von Wissen hat die Menschheit insgesamt über die Jahrhunderte ausgebaut und erweitert, sodass wir heute in vielen Dingen höhere Gewissheit haben als unsere Vorfahren.

Stufen der (Un-)Gewissheit

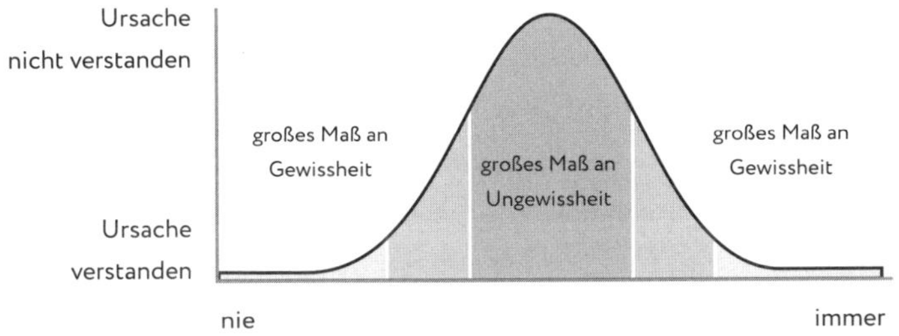

Man kann sich das Schema der (Un-)Gewissheit vorstellen mit zwei Achsen, die der Frequenz und die der Ursachen. Alles innerhalb der Kuppel ist ungewiss, aber alles außerhalb ist ziemlich sicher. Unser erster Schritt bei der Bedienung der Zukunft besteht darin, alles, was wir darüber wissen – oder zu wissen glauben –, wann und warum Dinge geschehen, in dieses Schema zu sortieren und dabei zwischen hoher und niedriger Sicherheit zu unterscheiden.

Wann? Je mehr Daten, desto besser

Lange hatte die Menschheit nur eine Methode, ein gewisses Maß an Gewissheit zu erlangen: die Frequenz, also das Wissen darüber, *wie oft und wann* Ereignisse eintraten. (Die Ursache war als Konzept noch nicht entdeckt worden.) Sumerer und Babylonier sahen den Zeitpunkt der Überschwemmungen des Euphrat (bemerkenswert genau) voraus und prophezeiten (bemerkenswert ungenau), wann bestimmte Ereignisse eintreten würden, anhand von Omen. Sie taten dies, indem sie ihre alten Aufzeichnungen nach Mustern auf einer Skala von immer bis nie durchforsteten. Da man noch nicht verstand, warum bestimmte Phänomene eintraten, waren diese Muster und ihre Vorhersehbarkeit stark datenabhängig. Das heißt, je häufiger ein Ereignis und sein Zeitpunkt beobachtet werden konnten, desto sicherer konnte man darüber sein, wann es wieder eintreten würde. Die Gewissheit war an beiden extremen Enden am größten, die Ungewissheit in der Mitte.

Dieses Prinzip gilt auch heute noch. Lange nach den Sumerern und Babyloniern wurde es angewandt, um die Lebenserwartung als Konzept zu entdecken (oder zu erfinden). Bis zum Jahr 1662 hatten die Menschen absolut keine Ahnung, wann ihr Tod eintreten würde – sie wussten nur, dass es irgendwann geschehen würde. Dann trug John Graunt, ein englischer Knopfhändler, alle möglichen Details aus dem Londoner Sterberegister zusammen und ermittelte ein paar Durchschnittswerte. Sein Buch *Natürliche und politische Beobachtungen über die Sterblichkeit* wurde zu einem etwas morbiden Bestseller, denn es war das erste, das die Lebenserwartung zu einer messbaren Angelegenheit machte.

Graunts Statistiken zeigten, dass diese von Alter und Geschlecht abhing: Wer die ersten sechs Lebensjahre überlebt hatte, hatte eine gute Chance, 76 Jahre alt zu werden. Er ging sogar noch weiter und berechnete die Sterbewahrscheinlichkeit für jedes Alter. Plötzlich hatte die persönliche Zukunft eine Hausnummer. Als dann ab 1840 auch noch weltweit dank Medizin und Ernährung die Lebenserwartung drastisch anstieg, wurde flugs ein Geschäft daraus, nämlich die Lebensversicherungen.

Heute haben wir dank dieser Daten alle eine ziemlich klar messbare persönliche Zukunft, weil mit dem (Quasi-)Ende der Kindersterblichkeit (früher starb jedes dritte Kind unter fünf Jahren) der Tod eine fast exklusive Angelegenheit alter Menschen ist.[123] Als französische Frau im Alter von 35 Jahren weiß man, dass die Chance, 82 Jahre alt zu werden, bei etwa 70 Prozent liegt, und als afroamerikanischer Mann kann man damit rechnen, 79 Jahre zu erreichen.[124] Das ist eine ziemliche Sicherheit – um nicht zu sagen ein Luxus –, die unsere Vorfahren nicht hatten.

John Graunt inspirierte die Datenerfassung, um Muster zu erkennen in vielen anderen Bereichen, auch in solchen, die damals weit hergeholt schienen, wie etwa das Wetter. Im 19. Jahrhundert war die Wettervorhersage so unzuverlässig, dass sie quasi als Aberglaube galt. François Arago, der damalige Direktor des Pariser Observatoriums, sagte sogar: »Was auch immer der Fortschritt der Wissenschaften sein mag, niemals werden Beobachter, die vertrauenswürdig und auf ihren Ruf bedacht sind, es wagen, den Zustand des Wetters vorherzusagen.«[125] Aber ein englischer Marineoffizier beschloss, es trotzdem zu versuchen: Vizeadmiral Robert Fitzroy, Kapitän des Schiffes, mit dem Charles Darwin um die Welt segelte, sammelte nicht nur Wetterdaten, wo immer er konnte, er erfand sogar den Begriff, den wir heute noch verwenden: »Wettervorhersage«. Natürlich brauchte es noch viel mehr Daten und dann auch Computer, um sie sinnvoll zu nutzen, aber das heutige Maß an meteorologischer Sicherheit ist schon bemerkenswert: Die Wettervorhersage ist bis zu fünf Tagen zu 90 Prozent genau und eine ganze Woche im Voraus zu 80 Prozent.[126] (Auch das ein Luxus, den unsere Vorfahren nicht hatten.)

Daten und Algorithmen werden uns auch in Zukunft noch mehr Sicherheit über kommende Ereignisse geben können. Bisher gibt es zwar noch keine Methode, um den Zeitpunkt von Erdbeben vorherzusagen, aber neue Datensätze und Computergenerationen könnten auch dies in den nächsten Jahren möglich machen. Vielleicht wird das vorhergesagte Zeitfenster für das erwartete Beben dann noch zu ungenau sein, um Maßnahmen zu ergreifen, aber es ist doch ein wichtiger Schritt.[127] In der vorausschauenden Polizeiarbeit versprechen Daten schon jetzt, den ungefähren Zeitpunkt und Ort eines Verbrechens eine Woche im Voraus zu ermitteln – nicht wie im Film *Minority Report,* weil der Täter schon bekannt ist, sondern weil Daten erkennen lassen, wann und wo Straftaten besonders oft begangen werden.[128] Das wiederum ermöglicht dann, vorausschauend eine Streife zu schicken. Und somit wird die Zukunft beeinflusst, denn die Wahrscheinlichkeit, dass das vorausgesagte Verbrechen begangen wird, nimmt durch die Präsenz der Polizei natürlich ab.

Daten haben nur ein Problem, wenn es um Zeitpunkte geht: Sie können immer nur Aussagen über die Vergangenheit treffen. Sobald ein ganz neues Muster auftaucht, sind sie blind.

Wie spät ist es? Die gemeinsame Zeit

Ereignisse passieren aber nicht einfach nur, ein Stück weit können wir auch festlegen, *wann* sie passieren, und damit schaffen wir wiederum ein ganzes Stück Vorhersehbarkeit. Wir tun das auf zwei Arten (und zwar auch noch nicht so lange): Wir legen eine Uhrzeit fest, nach der alle Uhren gehen, und wir nutzen diese gemeinsame Zeit dann, um festzulegen, was wann passiert. Es ist Ihnen wahrscheinlich noch nie aufgefallen, aber unsere ganze Gesellschaft ist auf diesem System aufgebaut. Wir kaufen Konzertkarten Monate im Voraus und verlassen uns darauf, dass an dem Tag und um die Uhrzeit die Band tatsächlich auch auftaucht. Wir machen Termine aus mit Ärzten, Geschäftspartnern oder Freunden und rechnen damit, dass sie zur vereinbarten Zeit tatsächlich auch da sind. Wir gehen zu Bahnhöfen und Flughäfen, zu Supermärkten und Wahllokalen zu ganz bestimmten Zeiten, weil der Moment vorher ausgemacht wurde. Wir leben eigentlich permanent von den eingelösten Zukunftsversprechen der anderen, und oft, ohne diese überhaupt als solche wahrzunehmen. Und ohne diese gemeinsame Zeit würden auch unsere eigenen Zukünfte aus dem Zeitplan fallen, mit anderen kollidieren, kurzum: ein Chaos sein. Wenn aber Menschen die gemeinsame Zeit nutzen, um ihre Zukunft anzukündigen, und sich daran halten, schafft dies Sicherheit. Geschäfte, Kinos, Restaurants, Ärzte, Schulen, Universitäten, Fluggesellschaften, Nahverkehr, Lebensmittelhersteller und sogar Demokratien kündigen an, dass etwas zu einem bestimmten Zeitpunkt geschehen wird, und in den meisten Fällen passiert das auch so. Wir machen unsere Zukunft davon abhängig, dass andere sich auch an ihre Versprechen halten. Wie sehr man sich auf diese gemeinsame Zeit als Mittel zur Vorhersehbarkeit verlässt, wird besonders deutlich, wenn ihr implizites Versprechen gebrochen wird. Das sieht man am Ärger, wenn Züge Verspätung haben: Ein Zukunftsversprechen wurde gebrochen, und nun muss die eigene Zukunft neu berechnet werden.

Die gemeinsame Zeit beruht natürlich auf zwei wichtigen Voraussetzungen: erstens, dass sich die Menschen tatsächlich daran halten, und zweitens, dass es sich tatsächlich um dieselbe Zeit handelt.

Der erste Aspekt ist kulturabhängig: »Zu spät kommen« kann in Deutschland zehn Minuten und in Ägypten eine Stunde bedeuten.[129] Je mehr wir uns an die vereinbarte Uhrzeit halten (die sogenannte Zeitdisziplin), desto mehr sind wir das, was man monochron nennt, also an nur eine Zeit gebunden. Je flexibler wir in dieser Hinsicht sind, also je weniger »wörtlich« wir eine Uhrzeit nehmen, desto mehr sind wir, was man polychron nennt. Alle Menschen werden polychron geboren, was man daran sieht, dass Kinder kein echtes Zeitverständnis haben. Es sind die Schule und die Gesellschaft, die uns die Pünktlichkeit eintrichtern. Es ist nicht ganz klar, warum sich Kulturen in dieser Hinsicht unterscheiden, aber man vermutet eine Mischung aus Religion, Wirtschaftssystem, sozialen Beziehungen und sogar Wetter als Ursache.[130]

Das zweite Element für dieses System ist, dass alle tatsächlich die gleiche Uhrzeit haben. Das ist heute zwar der Fall, aber war auch nicht immer so. Bis zum Ende des 19. Jahrhunderts war die Zeit ein lokales Phänomen, das durch die Sonne bestimmt wurde: Wenn sie hoch am Himmel stand, war es Mittag. In der Praxis bedeutete das, wenn es in Berlin 12 Uhr war, war es in München 12:07 Uhr und in Wien 12:12

Uhr.[131] Das war insofern kein Problem, als man sowieso nicht so schnell in eine andere Stadt reisen konnte, um den kleinen Zeitunterschied überhaupt zu bemerken, und Telefone gab es noch nicht, sodass man keine Telefontermine verpassen konnte. Doch dank Eisenbahn und Telegrafie änderte sich dies. Plötzlich konnten sowohl Menschen als auch Informationen schnell an einen anderen Ort gelangen. Das Problem lag nicht so sehr darin, dass die Menschen ihre Uhren umstellen mussten (wenn sie überhaupt welche hatten, denn Armbanduhren hatte erst ab den 1920er Jahren mehr oder weniger jeder), sondern bei der Eisenbahn. Denn in großen Ländern wie den Vereinigten Staaten mussten Züge durch verschiedene Zeitzonen fahren. Jede Eisenbahngesellschaft legte dabei ihre eigene Zeitzone fest. Das führte dann dazu, dass es 57 verschiedene Zeitzonen gab (heute sind es vier). Züge, die an den Bahnsteigen desselben Bahnhofs warteten, hatten dementsprechend unterschiedliche Abfahrtszeiten. Eines Tages verpasste ein irischer Eisenbahningenieur namens Sandford Fleming wegen dieses Durcheinanders einen Zug und dachte sich eine Lösung aus: Er schlug vor, die Welt in 24 Zeitzonen zu unterteilen, die jeweils eine Stunde oder 15 Längengrade breit waren. Ab jetzt war in der gesamten Zeitzone Mittag, egal wo die Sonne genau stand. Im Jahr 1884 nahm die Internationale Meridiankonferenz in Washington diese Idee an, und heute haben alle Staaten die »koordinierte Weltzeit« akzeptiert, die es uns ermöglicht, Flugzeuge und Zoom-Calls auf der ganzen Welt zeitlich abzustimmen.

Die gemeinsame Uhrzeit war aber nur der Anfang, es fehlte noch das gemeinsame Datum. Heute ist der gregorianische Kalender von 1582 die Norm (nur Äthiopien, Nepal, Iran und

Afghanistan verwenden ihn nicht), aber dies ist auch noch nicht sehr lange so. Das hatte dann zur Folge, dass es erhebliche Datumsunterschiede zwischen Ländern gab. Wenn es in Berlin schon der 1. März war, war es in Athen der 16. Februar.

Einführung des gregorianischen Kalenders

Frankreich	1582
Deutschland	Katholische Gegenden ab 1583 Protestantische Gegenden ab 1610
Schweiz	Katholische Kantone ab 1583 Protestantische Kantone ab 1700
Österreich	1583
Großbritannien	1752
Vereinigte Staaten	1752
Russland	1918
Griechenland	1923
Türkei	1927
China	1929
Saudi-Arabien	2016

Dieser Kalender hat sich vor allem deshalb international durchgesetzt, weil er für weitere 3323 Jahre die Jahreszeiten an Monate bindet, ohne dass eine Anpassung erforderlich wäre. (Ganz grob gesagt besteht das Problem darin, dass die Zeitmessung von Sonne, Mond und Sternen abhängt und sich darum ständig verschiebt – daher das Schaltjahr.) Natürlich ist die gemeinsame Zeit nicht idiotensicher: Die Menschen halten sich nicht immer daran, aber je mehr sie sich daran halten, desto mehr Sicherheit gibt es.

Warum? Von der Wirkungssicherheit

Ab dem 17. Jahrhundert entdeckte die Menschheit ein zweites Mittel neben der Zeitpunktbestimmung, um mehr Zukunftssicherheit zu erhalten: die Kausalität, das Prinzip von Ursache und Wirkung über eine längere Zeit hinweg. Dies heißt nichts anderes, als zu verstehen, unter welchen Bedingungen etwas eintritt. Dies hilft vor allem dann, wenn Ereignisse unregelmäßig eintreten und schwer in großen Mengen zu beobachten sind. Sobald eine Ursache klar verstanden ist, können wir uns auf ein Ereignis vorbereiten oder es vielleicht sogar ganz vermeiden.

Unser wichtigster Verbündeter in dieser Hinsicht ist die Wissenschaft. Seit der wissenschaftlichen Revolution im 17. Jahrhundert hat eine regelrechte Lawine von Entdeckungen die Welt immer berechenbarer gemacht. Wir glauben nicht mehr, dass schlechte Gerüche Krankheiten verursachen, dass eine Schwangerschaft das Ergebnis von Urmenschen ist, die im Schoß einer Frau auf Gottes Wort warten, oder dass ein Aderlass jemanden von Giften im Blut befreit.[132] Natürlich gibt es immer noch eine unendliche Menge unbeantworteter Fragen, aber viele feststehende Kausalitäten haben unsere Welt und damit unsere Zukunft vorhersehbarer gemacht.

Wir schaffen auch selbst Kausalität, wenn wir festlegen, welche Aktion zu welcher Reaktion führt – meist in Form von Gesetzen. Je klarer das Gesetz für alle ist, desto mehr Zukunftsgewissheit schafft es. Natürlich gab es Gesetze schon lange, aber erst ihre Vereinheitlichung und Kodifizierung hat sie zu Gewissheitsträgern gemacht, zuerst in Bayern im Jahr 1756, später in Frankreich mit dem Code Napoléon im Jahr 1804. Letzterer hat viele Staaten in der Welt zu ähnlichen

Gesetzen inspiriert. Das Gesetz sagt uns nicht nur, welche Rechte wir haben, sondern macht auch deutlich, welche Folgen bestimmte Handlungen in der Zukunft haben werden.

Natürlich reicht es nicht aus, die Gesetzestexte zu haben. Je mehr Menschen darauf vertrauen, dass das Recht tatsächlich umgesetzt wird, desto mehr haben sie das Gefühl, in einem berechenbaren System zu leben. Deshalb wird die Rechtsstaatlichkeit oft nicht daran gemessen, welche Texte es gibt, sondern daran, wie sehr die Menschen denjenigen vertrauen, die sie anwenden, also Richtern, Polizisten, Strafverteidigern und Staatsanwälten.

Zusammengefasst: *Häufigkeit*, *gemeinsame Zeit* und eindeutige *Kausalitäten* sind in dieser Kombination unsere wichtigste Quelle für Gewissheit. Aber sie sind nicht die Zukunft selbst, sondern sie schaffen nur den äußeren Rahmen der Wahrscheinlichkeit.

2. MIT DER GEFAHR LEBEN

In dem Comicfilm *Die Croods* geht eine prähistorische Familie den Gefahren des Unbekannten aus dem Weg, indem sie ihre Höhle nie verlässt. Der Vater bringt den Kindern immer wieder bei, dass Neugierde und Innovation existenziell gefährlich sind. »Habt niemals keine Angst«, wiederholt er. Und natürlich hat die Angst eine wichtige Funktion, denn sie schützt uns vor Gefahren. Ohne Angst würden wir wahrscheinlich nicht lange leben. Eine Amerikanerin, die mit einer Schädigung der Amygdala geboren wurde, der Stelle im Gehirn, an der wir Angst empfinden, lebt ohne Angst, und sie lebt nicht gut: Sie ist schon fast vergewaltigt, mit Pistolen und

Messern bedroht und einmal fast getötet worden.[133] Angst blickt voraus, sieht potenzielle Bedrohungen und deren Folgen und veranlasst uns, Maßnahmen zu ergreifen, um sie zu vermeiden.[134] Sie hat ihren Zweck, wenn es um Gefahr geht.

Aber nicht alle Ängste sind berechtigt, und nicht alle Gefahren können vermieden werden. Die einzige konstruktive Art, mit der Gefahr zu leben, besteht daher darin, sie aktiv zu bewältigen. Wir tun dies, indem wir die Gefahr, ihr Ausmaß, ihre möglichen Auswirkungen und ihre Wahrscheinlichkeit erkennen und Vorsichtsmaßnahmen dagegen treffen. Wo wir können, teilen wir die Gefahr mit anderen, um ihre Auswirkung zu verringern.

Gefahrenarten

Für die meisten von uns ist Gefahr ein Sammelbegriff für alles, was zu einem großen Problem werden könnte, aber in Wirklichkeit können wir Gefahren auf einer Skala einordnen, der des Wissens. Im Jahr 2002 fasste der damalige US-Verteidigungsminister Donald Rumsfeld dies wie folgt zusammen: »Es gibt bekannte Dinge; es gibt Dinge, von denen wir wissen, dass wir sie wissen. Wir wissen auch, dass es bekannte Unbekannte gibt; das heißt, wir wissen, dass es Dinge gibt, die wir nicht wissen. Aber es gibt auch unbekannte Unbekannte, Dinge, von denen wir nicht wissen, dass wir sie nicht wissen.« Obwohl er für diesen komplizierten Satz viel ausgelacht wurde, beschrieb Rumsfeld die Gefahrenskala genau entlang der wichtigsten Linie: wie viel wir über sie wissen. Je weniger wir über eine Gefahr wissen, desto weniger können wir sie bewältigen. Daher gibt es drei verschiedene Arten von Gefahren: Unsicherheiten, Bedrohungen und Risiken.

Fangen wir mit der Ungewissheit an, die am unteren Ende der Wissensskala angesiedelt ist. Streng genommen ist Ungewissheit nur das unangenehme Gefühl, etwas nicht sicher zu wissen. Da der Mensch aber Unwissenheit verabscheut und sich nach Gewissheit sehnt, sieht er in der Ungewissheit vor allem einen Raum für mögliche Bedrohungen. Wie unangenehm man sich bei Unsicherheit fühlt, hängt unter anderem von unserer Kultur ab.

Ungewissheitvermeidungsindex[135]

Hoch = fühlt sich bei Ungewissheit unwohl

Land	Index
Griechenland	112
Portugal	104
Russland	95
Frankreich Spanien	86
Türkei	85
Italien	75
Österreich	70
Deutschland	65
Schweiz	58
Niederlande	53
Vereinigte Staaten	46
Großbritannien	35
Schweden	29
Singapur	8

Gesellschaften, die auf dem Ungewissheitsvermeidungsindex hoch rangieren, tendieren dazu, konservative Werte zu haben, latent ausländerfeindlich zu sein, Gefühle offen auszudrücken, sich weniger für Politik zu interessieren, und setzen im Bildungssystem eher auf Frontalunterricht. In Gesellschaften, die Ungewissheit vermeiden, wird die Welt als ein grundsätzlich gefährlicher Ort wahrgenommen. Solche, die auf dem Index weiter unten rangieren, tendieren hingegen dazu, offen für Vielfalt aller Art zu sein, Gefühle eher zu unterdrücken, sich stark für Politik zu interessieren, wertmäßig offener zu sein und im Bildungssystem eher auf Selbstreflexion zu setzen. In diesen wird die Welt als ein grundsätzlich freundlicher Ort wahrgenommen.

Bedrohungen unterscheiden sich von Ungewissheiten dadurch, dass sie konkrete, potenziell negative Ereignisse sind. Im Gegensatz zur Ungewissheit ist eine Bedrohung also etwas sehr Konkretes: Wir stellen uns vor, wer oder was etwas Bestimmtes tun könnte, das uns schaden kann. Genau wie bei der Ungewissheit unterscheiden wir uns individuell darin, was wir als Bedrohungen wahrnehmen und wie wir sie gewichten.[136] Beispiele für Bedrohungen sind Terroranschläge, Krankheiten, eine Wirtschaftskrise oder, im Privaten, eine Trennung.

Es gibt nur einen Haken: Die Identifizierung einer Bedrohung sagt noch nichts darüber aus, wie wahrscheinlich sie ist, welche Auswirkungen sie haben wird und was wir dagegen tun können. In diesem Stadium haben wir die Gefahr noch nicht bewältigt, wir haben sie uns nur vorgestellt. Es reicht also nicht aus, sich vorzustellen, was passieren könnte, sondern wir müssen uns auch das Ausmaß des möglichen Schadens, den es verursachen würde, vorstellen. Bedrohungen können wir dann nutzbar machen, indem wir sie verwenden, um uns das Risiko vorzustellen, das von ihnen ausgeht.

Inwiefern unterscheiden sich nun Ungewissheit und Bedrohung vom Risiko? Um das zu verstehen, hilft es, sich anzusehen, woher der Begriff stammt, nämlich aus der Seefahrt. Seine altitalienische Wurzel, *risco*, bedeutet Klippe. Wenn ein Schiff auf ein Riff aufläuft, besteht die Gefahr des Verlusts von Menschenleben, von Eigentum und von Schäden an der Infrastruktur oder der Umwelt. Das Ausmaß dieser Schäden hängt von der Ladung und den Passagieren des Schiffes sowie von der Art des Unfalls ab. Aber so, wie es nicht vorherbestimmt ist, dass ein Schiff auf ein Riff aufläuft, ist es auch nicht vorherbestimmt, dass das Risiko so eintritt. Mit anderen Worten: Risiko wird *berechnet*, indem das Ausmaß der Auswirkungen einer Gefahr mit der Wahrscheinlichkeit ihres Eintretens kombiniert wird. Wir managen die Gefahr, indem wir das Risiko messen bzw. abschätzen und entscheiden, ob wir es als Teil der Gefahr managen. Wir *nehmen* es an, daher der Ausdruck: ein Risiko eingehen.[137]

Messung der Wahrscheinlichkeit

Sobald wir eine Bedrohung hinsichtlich der Gefahr, die von ihr für uns ausgeht, verstanden haben, müssen wir ihre Wahrscheinlichkeit berechnen oder abschätzen. Das hilft uns, Prioritäten zu setzen – sehr unwahrscheinliche Bedrohungen sind tendenziell weniger wichtig als sehr wahrscheinliche. Bis zur Renaissance hatten wir dafür keine »Sprache«: Die Wahrscheinlichkeitsrechnung existierte als solche nicht. Erst als italienische Glücksspieler sie entdeckten, begann man in Zahlen auszudrücken, wie wahrscheinlich es ist, dass etwas eintritt oder nicht. Ohne hier zu tief in die Feinheiten der Wahrscheinlichkeitstheorie, der Stochastik, einzusteigen, reicht es zu wissen, dass diese Zahlen nicht immer so absolut und objektiv sind, wie sie aussehen.

Wenn Google während eines Fußballspieles Wahrscheinlichkeiten ausspuckt, ist das nicht dasselbe wie die Wahrscheinlichkeit, die Zahl Sechs zu würfeln: Letztere ist das, was wir objektive Wahrscheinlichkeit nennen, und Erstere ist subjektiv. Man nennt es auch Bayes-Theorem, die Verwendung von Zahlen, um eine Überzeugung auf der Grundlage von verfügbaren Informationen auszudrücken.[138] Anders formuliert: Mathematik ist eine Sprache, und für die meisten von uns ist die Wahrscheinlichkeit ein besonders lästiger Dialekt dieser Sprache. Auch wenn wir dieselben Zahlen verwenden, meinen wir nicht unbedingt dasselbe Risikoniveau. Eine Gruppe von NATO-Offizieren gab typischen Wahrscheinlichkeitswörtern sehr unterschiedliche Zahlen. »Fast sicher« bedeutete für manche eine Wahrscheinlichkeit von 80 Prozent und für andere eine von 95 Prozent. Das zeigt, dass Zahlen eine hilfreiche Stütze sind in der Einschätzung einer Eventwahrscheinlichkeit – aber dies sind oft gefühlte Zahlen, keine berechneten oder gemessenen.

Außerdem darf man nicht das Problem der Daten unterschätzen. Einige Risiken lassen sich gut messen, weil wir große Datenmengen besitzen, andere hingegen nicht. Was also tun, wenn wir nicht über eine ausreichende Datenbasis verfügen? Manche Mathematiker sind der Meinung, wenn man es nicht messen kann, ist es kein Risiko, sondern eine Bedrohung. Genau aus diesem Grund weigern sich Versicherungsgesellschaften oft, Ereignisse zu versichern, deren Auswirkungen oder Wahrscheinlichkeit sie nicht messen können, wie etwa eine Gefährdung durch Weltraumschrott oder durch Terrorismus.

Das ist ein Problem, denn viele Risiken lassen sich nicht ohne Weiteres berechnen – zum Beispiel, weil wir nicht über genügend Daten verfügen, um die Wahrscheinlichkeit eines Ereignisses oder das genaue Ausmaß eines möglichen Schadens zu berechnen. Man denke zum Beispiel an das Risiko des Zusammenbruchs einer großen Demokratie oder einer Ehe: Für beides gibt es keine Daten – heißt das aber, dass man nicht über die Wahrscheinlichkeit dieses Risikos nachdenken kann? Frank Knight, der Wirtschaftswissenschaftler, der die Unterscheidung zwischen Risiken, Bedrohungen und Unsicherheiten eingeführt hat, war anderer Meinung: »Wenn du nicht messen kannst, dann miss trotzdem.«[139] Mit anderen Worten, Messung bedeutet nicht unbedingt die exakte Arbeit mit großen Daten und Zahlen, manchmal ist es nur ein Reflexionsprozess über Auswirkungen und Wahrscheinlichkeit, um zu entscheiden, ob wir ein Risiko eingehen wollen oder nicht.

Teilen Sie die Gefahr

Sobald man ein Risiko kalkulieren kann, kann man etwas dagegen tun: Der erste offensichtliche Schritt wäre, entweder die Gefahr zu beseitigen oder Vorkehrungen für den Fall zu treffen, dass sie eintritt. Aber es gibt noch etwas anderes, was man tun kann: das Risiko teilen. Dieser Gedanke wurde an einem Ort geboren, an dem man es nicht unbedingt erwarten würde – im Londoner Kaffeehaus Lloyd's. Kaufleute und Seeleute tranken hier Kaffee und tauschten Informationen über Wasserstände, Abfahrten und Ankünfte von Schiffen, Berichte über Unfälle und Untergänge aus. Und in kürzester Zeit stellten die Besitzer des Lokals diese Informationen in der sogenannten Lloyd's-Liste zusammen, die andere wiederum nutzten, um auf eine Geschäftsidee zu kommen: Auf der Grundlage dieser Informationen konnten sie Risiken berechnen und ein Angebot zur Risikoteilung machen. Gegen eine Gebühr, die in der Gegenwart zu zahlen war, wurde garantiert, dass ein möglicher Schaden in der Zukunft getragen würde.

Anfangs wurde dies vor allem in der Schifffahrt angewandt, aber mit der Zeit wurde das Konzept auf andere Risiken wie Einbruch, Tod durch Gintrinken oder weibliche Promiskuität ausgedehnt (es war nicht zu recherchieren, wie dieses Risiko gemessen wurde). Und so war das Konzept der Versicherung geboren. (Lloyd's gibt es übrigens immer noch, aber als Versicherung, nicht als Kaffeehaus.)

Von Versicherungen für Gegenstände war es nur ein Katzensprung zu Versicherungen für Leib und Leben. Wie vorhin bereits erwähnt, gab es nun Daten zur Lebenserwartung, weswegen Versicherungen Schätzungen anstellen konnten, die als Grundlage für ihre Prämienberechnung dienten. 1752 gründete Benjamin Franklin die erste Lebensversicherung in den Vereinigten Staaten, die Philadelphia Contributionship, aber so richtig verbreitete sich das Konzept erst im 19. Jahrhundert. (Obwohl einige presbyterianische Prediger die Lebensversicherung als »Glücksspiel« bezeichneten, vermutlich, weil sie zum Risiko einzuladen schien.)

100 Jahre später, 1881, wurde in Preußen die allgemeine Krankenversicherung erfunden. Heute haben 90 Prozent der Amerikaner und fast alle Europäer irgendeine Form

der Krankenversicherung, und jeder Zweite besitzt eine Lebensversicherung. (Der Rest der Welt hat es nicht so gut, die Hälfte der Menschheit lebt ohne Krankenversicherung.)[140]

Versicherungen bringen einige interessante Nebeneffekte mit sich: Da sie die Risikobelastung verringern, schaffen sie ein gewisses Maß an Sicherheit für die Zukunft. Das wiederum ermöglicht Investitionen, Wirtschaftswachstum, Stabilität, aber auch Innovation, weil es die Risikobereitschaft erleichtert.[141] Aber Versicherungen sind kein Allheilmittel für alle Risiken. Erstens schließen Menschen, die sich eines Risikos wohl bewusst sind, nicht unbedingt eine Versicherung dagegen ab. Nicht einmal die Hälfte der Schäden des verheerenden Hochwassers in Rheinland-Pfalz und Nordrhein-Westfalen 2021 war durch eine Versicherung gedeckt, sodass der Staat 30 Milliarden Euro bereitstellen musste. Dies gilt auch für andere Risiken wie die Cyberkriminalität: Fast alle von uns tragen ein Risiko in dieser Hinsicht, besitzen aber nur geringen Schutz.[142] (Mehr dazu im nächsten Kapitel.) Zweitens können Versicherungen nicht jedes Risiko abdecken: Für sie ist das Risiko ein Geschäft, kein Altruismus, daher werden sie keine Risiken versichern, die nicht kalkulierbar oder einfach zu teuer sind. (Für den richtigen Preis kann man trotzdem sogar Versicherungen für ein Spaceshuttle oder einen abgestürzten Satelliten abschließen.)

Das bedeutet, dass man keine Ereignisse versichern kann, die es noch nie gegeben hat oder die so selten sind, dass es dazu einfach nicht genügend Daten gibt. Ein Beispiel sind Kriegsfälle, gegen die schon seit dem 19. Jahrhundert die meisten Versicherungen nicht mehr versichern.

Dies ist deshalb ein Problem, weil sich das Wesen des Risikos verändert: Es hat sich von einem persönlichen zu einem kollektiven Problem entwickelt und von einem, dem wir ausgesetzt waren, zu einem, das wir selbst verursachen. Während im 19. Jahrhundert die meisten Menschen an äußeren Ursachen starben, meist an Infektionskrankheiten wie Tuberkulose, Typhus oder Diphtherie, sterben heute 86 Prozent der Europäer (meist) an Krankheiten, die zu einem erheblichen Teil durch den Lebensstil verursacht werden, wie Krebs, Herz-Kreislauf-Versagen oder Diabetes.[143] Und auch wenn wir das Wetter grundsätzlich vorhersehbarer gemacht haben, bedeutet unser westlicher Lebensstil doch auch, dass wir das Risiko von Dürren, Überschwemmungen und Waldbränden erhöht haben. Nicht zuletzt haben wir zahlreiche Technologien entwickelt, die unser Leben einfacher und sicherer machen, aber einige haben das Gegenteil erreicht, allen voran die Atomkraft, die als gewaltige Bombe die Menschheit bedroht.[144] Für einige von uns ist die Suche nach Risiken inzwischen sogar zum Hobby geworden, seit den 1970er Jahren werden Extremsportarten wie Fallschirmspringen oder Bungee-Jumping immer beliebter. Wir sind zu dem geworden, was der Soziologe Ulrich Beck als *Risikogesellschaft* bezeichnet: eine Gesellschaft, die sich um die Schaffung und Umverteilung von Risiken dreht. Ist es ein Zufall, dass der Anteil der Versicherungen am schönere Trennung: Bruttoinlandsprodukt seither so stark gestiegen ist?

3. SICH DAS BESTE VORSTELLEN

Der moderne Mensch empfindet es als selbstverständlich, ja als sein Recht, sein *#livingmybestlife* zu leben, wie es der Instagram-Hashtag verspricht. In Seminaren und Selbsthilfebüchern wird gelehrt, Träume zu formulieren und umzusetzen, es werden Vision Boards geklebt und Ziele anmeditiert. Daran ist nichts falsch: Ohne Vorstellung davon, was sich verändern müsste, verändert sich gar nichts, und genau das fällt vielen von uns schwer. Einmal, weil der Mensch Veränderungen nicht mag (auch die zum Positiven nicht), und dann, weil viele von uns meinen, nicht besonders kreativ zu sein.[145]

Beides steht einer besseren Zukunft im Weg, und genauso ging es der Menschheit insgesamt bis ins 16. Jahrhundert. Bis dahin dachte man noch nicht einmal daran, dass Dinge im Diesseits anders oder gar besser sein könnten, alles war mehr oder minder ständig gleich. Monarchien herrschten jahrhundertelang, und Lebensbedingungen veränderten sich im Gegensatz zu heute extrem langsam. Die meisten wechselten nicht den Job, nicht die Stadt und nicht den Partner, niemand wurde über Nacht reich, niemand reiste zum Spaß in andere Länder. Man wurde an einem Ort geboren und starb auch dort. Die Zukunft war keine Währung, es gab dort nichts zu gewinnen, sie war nicht besser als das Jetzt. Religionen aller Art blickten zurück, nicht nach vorn: Das Paradies lag in der Vergangenheit, also war es unsere Aufgabe, dorthin zurückzukehren. Unsere bessere Zukunft war in dem Sinne der Tod. Auch deshalb hat diese Zeit architektonische Langzeitprojekte wie Notre-Dame in Paris hervorgebracht, die 182 Jahre brauchte bis zur Fertigstellung: nicht so sehr, weil unsere Vorfahren eine Langzeitvision der Zukunft hatten, sondern weil sie gar keine hatten. Die Zukunft war das Gleiche wie die Gegenwart, da war es quasi egal, wann der Bau fertig wird. Philosophen wie Gottfried Wilhelm Leibniz teilten diese Einstellung, er meinte, diese hier sei bereits »die beste aller möglichen Welten«[146], besser würde es sowieso nicht werden. Auch sein schottischer Kollege David Hume sagte, »die Menschen zu allen Zeiten und an allen Orten sind so gleich, dass die Geschichte uns nichts Neues oder Fremdes mitteilt«. Geschichte gab es nicht und damit auch keine Zukunft.

Aber dann passierte etwas Revolutionäres: Die Idee einer besseren Zukunft wurde geboren. Der Erste, der auf diese Idee kam, war der englische Philosoph, Staatsmann und Jurist Thomas Morus. 1516 schrieb er *Utopia*, ein kleines Büchlein, in dem er das perfekte Leben auf einer imaginären Insel schilderte – wenn man so will, ist es das allererste Science-Fiction-Buch, denn es ist das erste Werk überhaupt, in dem eine Welt erdacht wurde, die sich von der damals existierenden unterschied. Wenn wir heute den Begriff Utopia für eine perfekte Welt benutzen, dann aufgrund dieses Buches. Für den Angestellten einer absoluten Monarchie – sein Chef war Heinrich VIII., der mit den sechs Frauen – war ein solches Gedankenexperiment geradezu schockierend. Schließlich beruhen Monarchien noch stärker als andere politische Systeme auf der Vorstellung, dass sie sich eben *nicht* verändern, weil ihre Macht angeblich von Gott verliehen und daher ewig ist. Thomas Morus wurde einige Jahre später enthauptet, weil er nicht zur zweiten Hochzeit Heinrichs erschien, aber sein Buch blieb und schuf einen wichtigen Präzedenzfall: Wenn wir uns vorstellen können, dass die Dinge anders sind, können wir uns auch vorstellen, dass sie besser sind – und so wird eine bessere Zukunft zu einer realen Möglichkeit, auch für uns heute. Es brauchte zwar noch ein bisschen, bis diese Idee sich ausbreitete, aber der Geist war aus der Flasche.

Das Prinzip Anders

Sich ein Leben und eine Zukunft vorzustellen, die anders sind als das Jetzt, ist nicht selbstverständlich, wie der deutsche Philosoph Ernst Bloch in seinem *Prinzip Hoffnung* erklärte.[147] Der Mensch denkt gern in Zyklen und in Routine, und vieles in unserem Umfeld ist auch immer gleich. Der Alltag heißt auch deshalb so, weil eben alles sehr ähnlich ist. Unsere vier Jahreszeiten sind gleich, jedes Jahr hat zwölf Monate, wir kehren gern zu immer denselben Urlaubszielen, Produkten oder Pizzalieferdiensten zurück. Immer das Gleiche macht das Leben einfach einfacher, und so sind wir in gewisser Weise auf Kontinuität vorprogrammiert.

Andererseits sind wir aber auch auf das Neue gepolt: Unser Gehirn schüttet Dopamin aus, wenn etwas Neues passiert, was in uns Gefühle von Freude, Zufriedenheit, sogar Vergnügen auslöst.[148] (Das ist vielleicht auch der Grund, warum es sich so gut anfühlt, neue Dinge zu kaufen – möglicherweise aber eben von unserer Lieblingsmarke.)

Sobald der Mensch etwas Neues sieht, ahmt er es nach. Wenn man in der Eintönigkeit feststeckt, braucht es vielleicht nur jemanden, der uns vormacht, wie es auch anders ginge. Man nehme nur das Beispiel von Roger Bannister, der 1954 als erster Mensch eine Meile unter vier Minuten lief. Bis zu seinem Rekord wurde allgemein angenommen, dass dies nicht menschenmöglich sei. Doch nachdem Bannister es geschafft hatte, liefen plötzlich überall Menschen die Meile in unter vier Minuten, sein Rekord wurde sogar in nur 46 Tagen gebrochen. Und wenn man so will, geschah das Gleiche mit der Menschheit im 15. Jahrhundert. Thomas Morus schrieb sein kleines Buch nicht aus dem Nichts: Andere hatten schon die Schleusen der Möglichkeiten geöffnet, und zwar mehr aus Zufall und Neugier denn aus Kalkül.

Der Erste war Christoph Kolumbus, der 1492 unbeabsichtigt Amerika entdeckte, als er auf der Suche nach einer Route nach Indien war. Die Entdeckung der »Neuen Welt«, wie die Europäer sie damals nannten, machte das Konzept Neuheit insgesamt populär. Nicht nur brach sie die Vorstellung auf, dass man alles schon wusste, was es zu wissen gab, sie hatte auch den Nebeneffekt, dass man andere, womöglich sogar bessere Gesellschaftsmodelle entdeckte. Insbesondere die Inkas hinterließen einen bleibenden Eindruck bei den Konquistadoren: »Wir fanden diese Reiche in so guter Ordnung vor, dass es weder einen Dieb noch einen lasterhaften Mann gab noch eine Ehebrecherin, noch wurden gefallene Frauen unter ihnen zugelassen, noch waren sie ein unmoralisches Volk, sondern zufrieden und ehrlich in ihrer Arbeit«, notierte der Eroberer Mancio Sierra de Leguízamo in einem Schreiben an König Philipp II.[149]

Die Entdeckung Amerikas war nur der erste Schritt in der Entdeckung des Neuen. Kurz darauf, im Jahr 1515, veränderte der polnische Priester Nikolaus Kopernikus für immer, wie wir die Welt und unseren Platz darin sehen: Er behauptete, die Erde sei ein Planet, der sich wie alle anderen um die Sonne drehe. Das mag heute Mainstream sein, es war für das nachrömische Europa eine Neuheit im Denken, nachdem das antike Wissen dazu wieder in Vergessenheit geraten war. Als dann noch Martin Luther und Johannes Calvin die Reformation in Gang brachten, war auch die katholische Kirche vor Veränderung nicht mehr sicher.

Natürlich musste noch mehr passieren, um die Zukunft als »Zeit und Raum der realen Möglichkeit«[150] zu öffnen, wie Ernst Bloch es ausdrückte, aber der Keim für die Einsicht, dass eine andere Welt möglich war, war gelegt. Zweieinhalb Jahrhunderte später, im Jahr 1776 (damals ging alles eben etwas langsamer als heute), revoltierten die amerikanischen Siedler gegen die britische Herrschaft, und das zog auch in Europa tiefgreifende Veränderungen nach sich: Die Demokratie war (wieder-)geboren, und kurz darauf (wenn man 13 Jahre für kurz hält) stürzte die Französische Revolution die Königsherrschaft in Frankreich.

Beide Ereignisse institutionalisierten die Möglichkeit der radikalen Veränderung: Jetzt waren selbst Monarchien nicht mehr vor Umstürzen sicher. Der Mensch, und nicht mehr Gott allein, bestimmte. (Genau deshalb flößen Revolutionen Politikern immer Angst ein, denn sie erinnern alle daran, dass Veränderungen möglich sind.) Dank all dieser Ereignisse wurde ab dem 18. Jahrhundert »nicht« zunehmend durch »noch nicht« ersetzt.[151]

Wenn man an eine andere Zukunft denkt, muss man also immer zuerst mit der Gegenwart brechen, sich vom Bekannten oder Erwarteten lösen und Raum für Möglichkeiten schaffen, selbst für die absurdesten. Dies ist kein Automatismus und erfordert auch etwas kognitive Leistung, denn wir müssen gegen unser Status-quo-Denken ankommen. Innovative Denker aller Art leisten hier die Pionierarbeit.

Erst anders, dann besser

Anders bedeutet nicht per se besser, aber es ist doch die erste Voraussetzung dafür. Sobald man den Möglichkeitsraum geöffnet hat, kann man ihn mit Ideen füllen, wie man die Dinge gerne anders gestalten möchte. Und das Wichtigste dabei sind die Wünsche, also eigene Ideen davon, wie wir es gern hätten. Darin unterscheidet sich die Utopie auch vom Paradies der Religionen: Während das Leben nach dem Tod nicht von uns, sondern von Gott gestaltet wird, wird die Utopie mit dem gefüllt, was *wir* wollen. Natürlich ändert sich das, was wir wollen, ständig, weshalb die Utopie kein Endzustand ist. Sie ist ein Prozess der Entwicklung zu etwas Besserem. Und sobald wir dieses Bessere erreicht haben, tritt ein neues Besseres an seine Stelle, wie Oscar Wilde es ausdrückte: »Fortschritt ist die Verwirklichung von Utopien.« Deshalb enthalten alte Utopien oft Ideen, die wir heute komisch finden – entweder weil sie schon verwirklicht wurden oder weil sie nicht mehr dem entsprechen, was wir heutzutage wollen. Reisen zum Mond zum Beispiel waren schon ab dem 17. Jahrhundert Bestandteil von Utopien, aber seit der Landung 1969 wird von anderen Planeten geträumt. (Der Mond als utopischer Ort war früher auch ein Trick, um Regierungen nicht zu vergrätzen, schließlich wurde die Utopie dann nicht hier Realität, sondern weit weg.)

Aber in greifbare Nähe rückten Utopien erst mit der Amerikanischen Revolution im Jahr 1776. Die Unabhängigkeitserklärung der Vereinigten Staaten war das erste offizielle Dokument, in dem das Streben nach Glück, nach einer besseren Zukunft, zu einem Recht im Hier und Jetzt erklärt wurde. Es ist daher auch kein Zufall, dass der Roman *Das Jahr 2440* von Louis-Sébastien Mercier um genau diese Zeit veröffentlicht wurde. Es ist der erste Roman, der die Utopie in einem realen Land ansiedelt, in Frankreich. Der Protagonist schläft in einem schmutzigen und armen Paris ein und wacht 670 Jahre später auf, wo er dann ein verfallenes

Schloss in Versailles, ein parlamentarisches System, einen Sozialstaat und eine Stadt voller aufgeklärter Intellektueller vorfindet.

Utopien werden gern als unrealistisch belächelt, vor allem wenn die Dinge besonders schlecht stehen, dabei sind sie doch gerade in Krisenzeiten besonders notwendig. Eigentlich ist es andersrum: Krisenzeiten sind notwendig, um Utopien hervorzubringen.[152] Wenn Menschen heute im Durchschnitt länger, gesünder, freier leben, dann deshalb, weil andere vor ihnen sich vorgestellt haben, wie all das besser sein könnte.[153] Darum spielt die Gegenwart eine so wichtige Rolle in der Zukunft, denn es wird von hier aus entschieden, was wir uns für die Zukunft wünschen und was nicht.

Zu wissen, was gefällt und erwünscht ist, ist übrigens leichter gesagt als getan. Genau deshalb geben Staaten und Unternehmen Umfragen und Marktstudien in Auftrag (die hin und wieder dennoch spektakulär danebenliegen). Einzelpersonen können sich an ihren Gefühlen als Leitstern orientieren wie an Schmerzen, aber auch an Unzufriedenheit, Neid oder Bewunderung. Manchmal hilft auch Science-Fiction, denn sie spielt mit fantastischen Ideen und hat damit schon Schiebetüren, iPads oder fliegende Taxis inspiriert, einfach als Ideengeber. 1922 entwickelte der Franzose Émile Coué eine Methode, mit der man seinen Verstand austricksen kann, damit er Dinge als erreichbar ansieht, die nicht in unmittelbarer Reichweite liegen: In seinem Buch *Die Selbstbeherrschung des eigenen Ichs durch bewusste Autosuggestion* entwickelte er die Idee der selbst erfüllenden Prophezeiung. Demnach führt die Überzeugung, dass etwas eintreten wird, dazu, dass dies auch geschieht. Nach dem gleichen Prinzip funktionieren auch positives Denken, das Gesetz der Anziehung, Visualisierungen und sogar der Placeboeffekt in der Medizin.

Was zunächst esoterisch klingt, hat eine feste wissenschaftliche Basis, wie die Neurologie herausgefunden hat. Sobald ein gewisses Ziel formuliert ist, pinnt das Gehirn es quasi fest und filtert alles aus, was uns davon abhalten oder entmutigen könnte.[154] Das führt dazu, dass wir wesentlich länger, härter und öfter auf dieses Ziel hinarbeiten – und somit erhöhen wir die Chance, es zu erreichen. Athleten, die ihren Erfolg regelmäßig visualisierten, verbesserten ihre Leistung zum Teil erheblich, zum Beispiel Hochspringer um 45 Prozent und Schützen um 23 Prozent.[155] Das erklärt auch, warum Optimisten 15 Prozent länger leben als Pessimisten, unabhängig von anderen Faktoren wie Einkommen, Body-Mass-Index, sozialer Integration und Alkoholkonsum.[156] Eben weil Optimisten davon ausgehen, dass die Zukunft gut sein wird, treffen sie automatisch Entscheidungen, die diese Zukunft gut machen: Sie rauchen weniger, treiben mehr Sport und verfolgen Ziele, die ihnen Spaß machen – bis ins hohe Alter.

Diese beiden Elemente sind also nötig, um die Zukunft mit positiven, erstrebenswerten Inhalten zu füllen: Erstens müssen wir wissen, was wir uns wünschen, und zweitens müssen wir es als erreichbar ansehen.

4. ÜBERRASCHUNG!

Selbst bei bester Vorbereitung und Vorstellungskraft wird die Zukunft immer Elemente enthalten, die wir nicht haben kommen sehen – entweder, weil wir sie gar nicht erwartet haben oder nicht genau so. Ob es sich um den Arabischen

Frühling, die Finanzkrise, eine Diagnose, einen Unfall oder den Anruf eines Ex-Partners handelt – Überraschungen sind Teil des Lebens, und damit umzugehen ist ein wichtiger Bestandteil der Zukunftsgestaltung.

Überraschungen sind nicht per se negativ, auch wenn es oft so klingt. Sie können gut sein (z.B. ein Lottogewinn), neutral (entdecken, dass Swasiland jetzt Eswatini heißt) oder schlecht (von Russland angegriffen werden). Für unser Gehirn macht die Art der Überraschung keinen Unterschied, es reagiert immer gleich auf etwas Unerwartetes: Das Gehirn erstarrt. Meist dauert dies nur 0,04 Sekunden an, aber natürlich gibt es Abweichungen. Der Grund für dieses Erstarren ist, dass unser Gehirn innehält, wenn es etwas Neuem und Wichtigem begegnet.[157] In einem zweiten Schritt schaltet es in den Suchmodus, um eine Erklärung für das zu finden, was gerade passiert ist. In einem dritten Schritt aktualisiert oder verändert es unser Weltbild (oder findet eine Ausrede, es nicht zu tun). Und schließlich wird darüber geredet: Laut Studien werden überraschende Ereignisse immer mit anderen geteilt, und je überraschter man ist, desto mehr wird etwas geteilt. Das kann im persönlichen Gespräch passieren, etwa Freunden erzählen, dass eine verlorene Kreditkarte von einem Fremden zurückgegeben wurde, als auch in den Nachrichten, die sich eigentlich fast ausschließlich um Überraschungen und deren Erklärungsversuche drehen. Schon das Wort »News« deutet auf das Bedürfnis hin, neue Erfahrungen mit anderen zu teilen – vielleicht ist das sogar die wichtigste Funktion der Überraschung, sie mit anderen zu teilen, damit auch sie vom Lerneffekt profitieren.

Zum Teil liegt das auch daran, dass Überraschungen aller Art immer eine intensive emotionale Erfahrung sind:

Positive Überraschungen lösen große Freude aus, negative schreckliche Angst. Manche sagen, dass Überraschungen jede Art von Emotion um ganze 400 Prozent verstärken.[158] (Vielleicht nicht im Falle Überraschung Swasiland/Eswatini.) Und je größer die Überraschung, desto stärker die Emotion[159] – weshalb wir gute Überraschungen gerne ausreizen, indem wir uns bei Überraschungspartys hinter Sofas verstecken, aber schlechte Überraschungen abmildern, indem wir einleitende Hinweise geben wie »ich muss dir etwas Schwieriges sagen«.

Unabhängig davon, ob es sich um eine positive, neutrale oder negative Überraschung handelt, ist die Bewältigung einer Überraschung eine anstrengende Aufgabe für das Gehirn, wie ein kompliziertes mathematisches Rätsel. Und je größer der Unterschied zwischen Erwartung und Überraschung ist, desto länger dauert dieser Prozess der Gehirnerstarrung, und desto länger dauert es, darauf zu reagieren.[160] Dies gilt sowohl für Babys, die lernen, ein neues Spielzeug zu benutzen, als auch für politische Entscheidungsträger. Wie schnell Regierungen Maßnahmen gegen COVID-19 einführten, hing weitgehend davon ab, wie sehr sie von der Krankheit überrascht wurden. Staaten, die bereits etwas Ähnliches erlebt hatten, waren wesentlich weniger überrascht und leiteten daher im Durchschnitt 19 Tage schneller Maßnahmen gegen COVID-19 ein als andere.[161]

Das Erstarren, das mit Überraschungen einhergeht, kann auch strategisch genutzt werden, nämlich im Krieg. Ob Japans Angriff auf Pearl Harbor oder der ägyptisch-syrische Angriff auf Israel 1973, beide nutzten den Vorteil der Überraschung. Dieser führt nämlich dazu, dass das Schlachtfeld kurzfristig einem quasi allein gehört. Stalin etwa war zwei volle Tage handlungsunfähig, so überrascht war er von Hitlers Angriff auf die Sowjetunion. (Letztlich haben Überraschungsangriffe jedoch keine überzeugende Erfolgsquote – nicht, weil sie nicht per se funktionieren, sondern weil sie in der Regel von der ohnehin schwächeren Partei ausgehen werden.[162])

Eben weil Überraschungen positiv oder negativ sein können, mögen wir sie und mögen wir sie gleichzeitig nicht. Wir mögen sie, weil unser Gehirn Dopamin ausschüttet, wenn gute Überraschungen eintreten, was uns ein Gefühl der Freude und Zufriedenheit vermittelt. Das ist auch der Grund, warum wir Sportarten mit hoher Ungewissheit lieber mögen als solche mit geringerer Ungewissheit, zum Beispiel Fußball.[163] Aber wir mögen Überraschungen auch gar nicht, weil sie unsere Verletzlichkeit offenkundig machen. (Ein Gefühl, das sich die Hotelkette Holiday Inn mit dem Slogan »Die beste Überraschung ist keine Überraschung« zunutze machte.) Eine negative Überraschung großen Ausmaßes kann sogar einen erheblichen Schock auslösen, eben weil wir unser Weltbild auf existenzielle Weise überdenken müssen.

Ob wir Überraschungen im Allgemeinen mögen oder nicht, hat auch ein wenig mit unserem Persönlichkeitstyp zu tun. Menschen, die extrovertiert, abenteuerlustig und spontan sind, neigen dazu, sie zu mögen, während introvertierte und ängstliche Menschen dazu neigen, sie weniger zu mögen. Aber egal ob man Überraschungen mag oder nicht, ihr Effekt ist immer nur vorübergehend: Lottogewinner sind ein Jahr später nicht wesentlich glücklicher als vorher, nachdem sie den ersten Dopaminschub einmal hinter sich haben.[164] Der beste Weg, mit diesem Aspekt der Zukunft umzugehen, ist zu lernen, damit zu leben und umzugehen.

Überraschungsprävention und ihre Grenzen

Wir haben drei Möglichkeiten, mit Überraschungen umzugehen: vorbeugen, reduzieren und anpassen. Die Überraschungsprävention ist dabei die beliebteste. Wir schließen Versicherungen ab, bauen Nachrichtendienste auf, meiden neue Menschen und Veranstaltungen und bestellen in unserem Lieblingsrestaurant immer das gleiche Gericht. Und natürlich hat die Überraschungsprävention ihre Berechtigung, aber sie hat auch ihre Nachteile. Erstens ist zu viel Überraschungsvermeidung auch nicht gut für uns, sondern führt zu dem, was man Hypostress nennt. Dies ist nichts anderes als eine extreme Form der Langeweile, die sich wie Stress anfühlt. Sie geht einher mit Depressionen, Drogenmissbrauch, Glücksspiel, Aggression, Unzufriedenheit in Beziehungen und akademischem Versagen. Und wer Überraschungen den Weg zu stark versperrt, macht auch den Zufall unwahrscheinlicher, was deshalb blöd ist, weil genau der uns oft Positives beschert wie neue Lieben oder Durchbrüche in der Wissenschaft (Teflon, Antibiotika und Viagra wurden alle durch Zufall entdeckt).[165]

Aber das vielleicht Schlimmste an der Überraschungsvermeidung ist, dass sie Überraschungen eben nie ganz verhindern kann. Und der Nebeneffekt von zu viel Vermeidung ist ein Teufelskreis: Je weniger Überraschungen wir zulassen, desto schlechter werden wir darin, mit Überraschungen umzugehen.

Hilfreicher ist es, den Überraschungseffekt zu *reduzieren* und zu lernen, mit ihnen umzugehen. Dabei geht es weniger darum, Überraschungen selbst zu reduzieren, sondern ihre Auswirkungen, also wie schnell wir auf sie reagieren. Am besten gelingt dies, indem man sich gedanklich vorher schon mit potenziell überraschenden Ereignissen auseinandersetzt. Das ist einfacher, als man denkt: Nur ein kleiner Teil der Überraschungen ist tatsächlich das, was Futuristen als Schwarze Schwäne bezeichnen (ein völlig unvorhersehbares Ereignis), zum Beispiel ein böser Unfall oder eine seltene Krankheit.[166]

Bei fast allen sogenannten völlig unvorhersehbaren Ereignissen hat meist irgendjemand, irgendwo, immer genau das (oder Variationen davon) kommen sehen. Der Trick ist, sich die Schatzkiste der Vorstellungskraft zunutze zu machen und einfach gedanklich Optionen durchzuspielen, was vielleicht abstrus, aber möglich wäre. Dabei geht es weniger darum, die Zukunft genau vorherzusagen, sondern darum, den Korridor der Möglichkeiten zumindest einmal gedanklich zu durchschreiten. Allein das Nachdenken über eine mögliche Überraschung wird deren Ausmaß und damit unsere Reaktionszeit verringern. Eine Möglichkeit sind Szenarien (im Wesentlichen das Durchspielen von Was-wäre-wenn-Situationen), die nachweislich dabei helfen, rationaler über eine Situation und ihren Ausgang nachzudenken, und somit zur besseren Entscheidungsfindung beitragen.[167] Eine andere Möglichkeit besteht darin, sich bei einem Prognosemarkt anzumelden und regelmäßig Vorhersagen über künftige Ereignisse zu treffen – und später zu überprüfen, wie gut man abgeschnitten hat. Je mehr man sich darin übt, über die Zukunft nachzudenken und unsere Annahmen der Vergangenheit zu überprüfen, desto mehr legen wir unsere Voreingenommenheit offen und verbessern unsere Fähigkeit, mit Überraschungen umzugehen, wenn sie mal da sind. (Beispiele für solche Märkte sind Good Judgment Inc., Metaculus und Hypermind.)

Genau die Voreingenommenheit ist es nämlich, die es uns schwer macht, den Überraschungseffekt zu reduzieren. Um überhaupt erst an die Informationen zu gelangen, die uns vorwarnen könnten, müssten wir nämlich erst mal lernen, besser zuzuhören. Und das gilt natürlich nicht nur für uns, sondern auch für Politiker. In den allermeisten Fällen liegt die lange Reaktionszeit auf eine neue Entwicklung – sei es eine Krebsdiagnose, eine Pandemie oder eine Invasion – nicht daran, dass nicht davor gewarnt worden wäre, sondern daran, dass wir den Warnungen einfach nicht geglaubt haben.[168] Deshalb ist die Debatte über die Frage sinnlos: »Wer hat es kommen sehen und warum wurde es nicht verhindert?«[169] Kein Nachrichtendienst, kein strategischer Vorausschaubericht und kein Frühwarnsystem kann stärker sein als die menschlichen Vorurteile, die ein Weltbild zusammenhalten. Wenn der amerikanische Präsident George Bush behauptet, die CIA habe ihn nicht vor dem Zusammenbruch der Sowjetunion gewarnt, wenn Frankreichs Präsident Emmanuel Macron behauptet, der Klimawandel sei nicht vorhersehbar gewesen, oder wenn der EU-Spitzendiplomat Josep Borrell schwört, die Welt bestehe aus unvorhersehbaren Ereignissen, dann liegen sie einfach falsch.[170] Genau wie der Rest von uns haben sie ein Gehirn, das unbequeme Dinge herausfiltert – und je älter wir werden, desto besser wird das Gehirn darin, leider. Unliebsame Überraschungen haben deshalb mehr mit uns und unseren Vorurteilen und Filtern zu tun und weniger mit dem verfügbaren Wissen.

Die beste Art, mit Überraschungen umzugehen, ist deshalb zu lernen, mit ihnen zu leben. Dabei muss man lernen, auf neue Art und Weise zu reagieren. Das nennt man gemeinhin Improvisation und ist nichts anderes, als mit Ressourcen neu und kreativ umzugehen. Dafür muss man aber erst mal akzeptieren, dass die Überraschung überhaupt existiert. Das ist schwer genug, denn viele wehren sich lange dagegen. Nicht zuletzt sollte man nicht vergessen, dass Überraschungen, auch negative, in erster Linie Veränderungen sind und als solche oft die Tür für positives Neues öffnen.

»Das kann nur auf menschliches Versagen zurückzuführen sein.«

HAL, Odyssee im Weltraum (1968)

KAPITEL IV

Sicherheits- und Warnhinweise

Zukunftsfähigkeit ist eine faszinierende menschliche Eigenschaft, aber manchmal liefert sie nicht das, was sie soll. Anstatt Optionen aufzuzeigen und bei der Entscheidungsfindung zu helfen, kann sie auch das Gegenteil erzeugen, nämlich den Handlungsspielraum verringern und uns lähmen. Das passiert eigentlich immer dann, wenn wir besonders in Angst und Sorge um die Zukunft sind und nicht mit der Tatsache zurechtkommen, dass sie teilweise unvorhersehbar ist. Dann greift gern einer von vier Mechanismen in uns, immer mit demselben Effekt: Er vertreibt die unangenehmen Gefühle, aber schafft eben keine Zukunft. Nicht nur das, er macht uns anfälliger für Gefahren aller Art, für Überraschungen, und lässt uns Gelegenheiten verpassen.

Diese vier Mechanismen sind das Katastrophen- und das Wunschdenken, die Illusion der Gewissheit und das, was man gefälschte Zukunft nennt: eine Zukunft, die in Wirklichkeit keine ist.

1. KATASTROPHENDENKEN

Wir Menschen besitzen ein Alarmsystem, das uns vor Gefahren der Zukunft schützen soll, die Angst. Die Angst blickt voraus, sieht potenzielle Bedrohungen und deren Folgen und veranlasst uns, Maßnahmen zu ergreifen, um sie zu vermeiden.[171] Ohne Angst würden wir wahrscheinlich nicht sehr lange leben. Aber dieses Alarmsystem hat einen schwerwiegenden Fehler, denn wenn es übersteuert, geht es kaputt. Zu viel Angst ist dann keine Angst mehr, sondern Katastrophendenken. Das ist nicht dasselbe wie Worst-Case-Denken, auch wenn es ähnlich klingt: Letzteres bedeutet, ein Szenario mit unerwünschten Elementen als eine von mehreren Möglichkeiten zu durchdenken, was dann zu konkreten Schritten dagegen führen sollte. Es ist daher ein nützliches und wichtiges Instrument, um sich für die Zukunft zu wappnen. Das Katastrophendenken hingegen ist ein ganz anderer Prozess, bei dem wir die Wahrscheinlichkeit eines negativen Ereignisses überschätzen und seine negativen Folgen übertreiben. Es kann sich als Angst, Phobie oder sogar Panikattacke und Paranoia äußern. Im Gegensatz zur Angst, die ein rationaler, kognitiver Prozess ist, ist das Katastrophendenken ein voreingenommener, emotionaler Prozess – und so wichtig Emotionen auch sind, wenn es um die Zukunft geht, ein Zuviel davon hat eine Reihe negativer Auswirkungen (siehe auch das Kapitel über Wunschdenken).[172]

Die erste ist, dass Katastrophendenken uns nicht unbedingt schützt. Es gibt tatsächlich keinen direkten Zusammenhang zwischen der Größe der Angst vor einem Ereignis und seinem tatsächlichen Eintreten.[173] Zum Beispiel überschätzen wir unser Risiko, bei einem Terroranschlag zu sterben, maßlos – in Deutschland steht dieses bei 1 zu 47 Millionen[174] – und unterschätzen unser Risiko, an einer Herzkrankheit oder Krebs zu sterben – dieses steht 1 zu 5.[175] Wir überschätzen auch bei Weitem, dass die Erde von einem Asteroiden getroffen werden könnte (Chance 1 zu 74 817 414) oder von Satellitentrümmern (1 zu 21 Billionen).[176] Auch in anderen Bereichen kommt es zu Katastrophendenken, wenn es etwa um Gesundheit geht. Jüngere Menschen fühlten sich von COVID-19 stärker gefährdet als ältere, obwohl das Risiko in Wirklichkeit genau umgekehrt bestand.[177] Auch wenn es um Kriminalität geht, wird gern im Schlimmsten gedacht. Ältere Frauen haben am meisten Angst, auf der Straße angegriffen zu werden, aber statistisch sind die meisten Opfer jung und männlich. Jedes Jahr geben fast drei Viertel der Amerikaner in Umfragen an, dass sie glaubten, die Kriminalität habe im vergangenen Jahr zugenommen, aber in Wahrheit sind alle Arten von Verbrechen in den letzten 40 Jahren dort drastisch zurückgegangen.[178] Katastrophendenken sagt viel darüber aus, wie verletzlich wir uns fühlen – aber es ist kein Indikator für die Realität.

Das liegt auch daran, dass wir die Wahrscheinlichkeit seltener Ereignisse im Allgemeinen überschätzen.[179] Die Medien spielen dabei eine wichtige Rolle, sie sind voll von Berichten zu seltenen negativen Ereignissen, und dies hat sich in den letzten zehn Jahren noch verschlimmert, allein zehn bis 30 Prozent des medialen Inhalts behandeln Gewaltverbrechen.[180] Aber auch andere Inhalte, wie etwa zu Naturkatastrophen, ängstigen uns, egal ob wir direkt betroffen sind oder nicht.[181] (Traditionelle und soziale Medien unterscheiden sich in dieser Hinsicht übrigens nicht.)

Wie anfällig wir für Katastrophendenken sind, hat auch etwas mit unserer Persönlichkeit zu tun – je sensibler, neurotischer und pessimistischer wir sind, desto eher neigen wir zu einer Überdosis Angst. Und natürlich spielen auch Faktoren wie Wohnort, Alter, kultureller Hintergrund und Geschlecht eine Rolle: Menschen zwischen 18 und 44 Jahren sind doppelt so ängstlich wie Menschen über 60, und Frauen sind fast doppelt so ängstlich wie Männer.[182]

Eine ganz eigene Kategorie ist die posttraumatische Belastungsstörung, bei der Menschen, die ein traumatisches Ereignis erlebt haben, in der emotionalen Verarbeitung stecken bleiben und es immer wieder durchleben. Im Gegensatz zum Katastrophendenken ist die Ursache hierfür ein *reales* Ereignis in der *Vergangenheit*, nicht ein imaginäres Ereignis in der Zukunft, aber die Neigung zum Katastrophendenken *vor* dem traumatisierenden Ereignis macht einen anfälliger für die Störung.

Katastrophendenken hat auch noch andere negative Auswirkungen. Zum einen fühlt es sich körperlich nicht gut an: Schwitzen, Herzrasen, Bauchschmerzen sind nur ein paar Beispiele. Und es ist auch allgemein nicht gut für unsere Gesundheit, macht uns anfälliger für Herzkrankheiten, sexuelle Funktionsstörungen, Schlaflosigkeit und Magengeschwüre.[183] Wer schon an chronischen Schmerzen leidet und außerdem zu Katastrophendenken neigt, wird wahrscheinlich nur noch stärkere Schmerzen haben.[184] Und auch die Psyche leidet unter Katastrophendenken: Sie macht uns nicht nur für die posttraumatische Belastungsstörung anfälliger, sondern auch für Zwangsstörungen, Essstörungen und andere Psychosen.[185] Wer mit Katastrophendenken in die Liebe geht, wie es etwa 20 Prozent von uns tun, sucht sich, ganz im Sinne der selbst erfüllenden Prophezeiung, oft einen Partner, der einen noch ängstlicher macht.[186]

Am wichtigsten ist vielleicht, dass das Katastrophendenken vielen Dingen, die die Zukunft betreffen, buchstäblich einen Riegel vorschiebt. Wie wir schon gesehen haben, liegt das an der Amygdala, dem Bereich im Gehirn, der sich bei Angst selbst aktiviert und Zugang zu den Arealen blockiert, die für Problemlösung, Vorstellungskraft, Motivation, Lernen und Gedächtnis zuständig sind. Hat die Amygdala erst mal Alarm geschlagen, dann haben wir nur drei Reaktionsmöglichkeiten: Angriff, Flucht oder Starre. Deshalb ist Nichtstun eine häufige Reaktion auf Angst: Wir bewerben uns aus Angst vor dem Scheitern nicht auf interessante Stellen, wir gehen nicht zum Vorstellungsgespräch, wir investieren kein Geld in vielversprechende Fonds, weil wir Angst haben, es zu verlieren, wir besuchen keine exotischen und interessanten Länder, weil wir Angst vor dem Fliegen oder der unbekannten Kultur haben, und wir wählen jeden, der das Gleiche wie gestern verspricht.

Bei einer Überdosis Angst sind wir nicht in der Lage, klar zu denken, eine kreative Lösung zu finden, wichtige Erinnerungen abzurufen (Wo ist der Feuerlöscher?) oder Objektivität und Perspektive zu bewahren.[187] (Aus diesem Grund sollten Notfallpläne so lange geübt werden, bis sie zur Routine werden, eben nicht mehr in einem Teil des Gehirns gespeichert sind, den die Amygdala blockieren kann.) Und als Folge dessen nehmen wir quasi die Hände vom Steuer, das die Zukunft ist: Wir hören auf, sie uns vorzustellen und zu beeinflussen. Katastrophendenken ist für unsere Zukunft das, was Botox für die Stirn ist: lähmendes Gift.

Katastrophendenken hat noch andere Konsequenzen,

nämlich dass wir echte Gefahren übersehen, weil wir so sehr mit unseren imaginären Katastrophen beschäftigt sind. Nach den Anschlägen vom 11. September 2001 etwa hatten viele Amerikaner so große Angst vor dem Fliegen, dass sie aufs Auto umstiegen. Aber statistisch gesehen ist Autofahren gefährlicher als Fliegen. Es wird geschätzt, dass deshalb 2300 Menschen bei Autounfällen ums Leben gekommen sind, nur weil sie aus Angst die Flugzeuge gemieden haben.[188] Ein anderes Beispiel gilt dem Waffenbesitz: Viele Menschen kaufen Waffen, weil sie Angst vor anderen Menschen mit Waffen haben, aber statistisch gesehen erhöht der eigene Waffenbesitz die Wahrscheinlichkeit, durch diese Waffe verletzt oder getötet zu werden.[189] Es ist ein bisschen wie die Geschichte von dem jungen Pfadfinder, der sich verlaufen hatte und vier Tage lang im Wald vor den Rettungskräften versteckte, weil seine Eltern ihm gesagt hatten, er solle nicht mit Fremden sprechen.[190] Die Liste ließe sich ewig fortsetzen, denn wenn die Angstmaschinerie erst einmal in Gang gekommen ist, ist es schwierig, sie anzuhalten.

Manche Politiker nutzen unsere Tendenz zum Schwarzmalen aus. Viele haben ein echtes Talent dafür, unsere Ängste vor Fremden, Kriminellen und Identitätsverlust zu richtigem Katastrophendenken aufzublasen. US-Präsident Trump und sein Spiel mit den Ängsten vor Einwanderung und Kriminalität sind ein Beispiel, aber er ist bei Weitem nicht der Einzige. Rechte Parteien machen sich das Katastrophendenken, was den Bevölkerungsanteil der Muslime betrifft, zunutze, und in Kriegszeiten kann es sogar eine Strategie sein, mit den schlimmsten Ängsten des Gegners zu spielen. Die wiederholten Hinweise auf Russlands Atomwaffen durch Präsident Putin sind nicht als eigentliche Absichtsbotschaften zu verstehen: Vielmehr ist die Angst selbst die Waffe – übrigens auf beiden Seiten. 69 Prozent der Amerikaner und 83 Prozent der Russen fürchten das Risiko eines nuklearen Schlagabtauschs.[191]

2. WUNSCHDENKEN

Zu viel Angst ist nicht gut für die Zukunft. Zu viel Hoffnung auch nicht. Ein normales Maß an Hoffnung ist, eine Vorstellung von etwas zu haben, das wir uns wünschen oder nicht wünschen – aber zu viel Hoffnung ist Wunschdenken. Hoffen und Wunschdenken unterscheiden sich dadurch, dass Ersteres noch weiß, dass es andere Möglichkeiten gibt als die erwünschte, Wunschdenken aber hat den Möglichkeitsraum schon zugesperrt. Wo Hoffen relativ ist, Raum für Zweifel, Möglichkeiten, aber auch Unsicherheit lässt, ist das Wunschdenken absolut, Fakten werden durch Wünsche ersetzt. Und das Schlimme daran: Studien zeigen, dass wir, je mehr wir uns etwas wünschen, desto mehr die Wahrscheinlichkeit überschätzen, dass es eintritt.

Jeder von uns ist schon ins Wunschdenken verfallen, es ist ein zutiefst menschlicher Wesenszug, unabhängig von Alter, Geschlecht oder Kultur. Es kann sich sowohl auf positive als auch auf negative Dinge beziehen, wir können uns sicher sein, dass etwas Positives eintreten wird, oder die Augen fest vor Dingen verschließen, die unangenehm sind.

Im Gehirn kann das Wunschdenken auf drei Arten auftreten: indem wir Dinge herausfiltern, die ihm widersprechen (die Gewinnchancen im Lotto), indem wir die Dinge so interpretieren, wie es uns passt (dieses Mal haben wir verloren, aber das nächste Mal werden wir gewinnen), und indem wir auf Dinge reagieren, als ob das Wunschdenken wahr wäre (wir werden wieder spielen). Das Problem: Dieser Prozess kann unendlich oft passieren, unabhängig davon, wie oft man es schon getan hat, weil Wunschdenken ziemlich immun gegen jeglichen Lerneffekt ist.[192]

Die Liste der Beispiele, bei denen das Wunschdenken unseren Verstand ausschaltet, ist schier endlos. Ein bekanntes Beispiel ist die Liebe: Gerade wenn wir verliebt sind, überschätzen wir die Chancen einer Beziehung. Auch beim Sex taucht es gerne auf: Männer überschätzen im Allgemeinen das sexuelle Interesse von Frauen – und Frauen unterschätzen das sexuelle Interesse von Männern.[193] Wunschdenken schaukelt auch Gerichtsstreitigkeiten hoch, weil beide Parteien von ihrem Recht überzeugt sind. Und das Glücksspiel ist eine ganze Industrie, die auf Wunschdenken aufgebaut ist – die Chancen, einen Sechser im Lotto zu gewinnen, liegen bei 1 zu 292,2 Millionen, mithin noch niedriger, als vom Blitz getroffen zu werden.[194] Und dennoch spielen jede Woche Millionen, in der Hoffnung zu gewinnen. Auch bei Sportfans ist Wunschdenken weit verbreitet. Besonders engagierte Fußballfans überschätzen regelmäßig die Wahrscheinlichkeit eines Sieges ihrer Mannschaft – und wetten sogar darauf.[195] Je mehr die Fans an ihrer Mannschaft hingen, desto überzeugter sind sie von deren Sieg, unabhängig von den bisherigen Leistungen.

In der Politik ist es dasselbe, wie der britische Schriftsteller George Orwell feststellte: »Menschen können die Zukunft nur dann vorhersehen, wenn sie mit ihren eigenen Wünschen übereinstimmt.«[196] Mehrere Studien zeigen, dass Wähler in der Regel davon überzeugt sind, dass ihr Lieblingskandidat bei den kommenden Wahlen gewinnen wird. Im Jahr 1932 sagten 93 Prozent der Roosevelt-Anhänger voraus, dass Roosevelt gewinnen würde, aber 73 Prozent der Hoover-Anhänger waren sich sicher, Hoover würde der Gewinner werden.[197] (Roosevelt gewann übrigens mit 57 Prozent der Wählerstimmen.) Diese Geschichte ist kein Einzelfall: Eine Langzeitstudie hat gezeigt, dass Wähler die Chancen ihrer Lieblingspartei oder ihres Lieblingskandidaten durchweg vier zu eins überschätzen, und je mehr sie sich engagieren und investieren, desto mehr überschätzen sie sie. Dies ist besonders dann der Fall, wenn Wähler schlecht informiert sind und deshalb erst recht ihr Bauchgefühl als Schätzbasis nehmen.[198]

Wunschdenken tritt auch regelmäßig in der Finanzwelt auf, wo es oft als das Diesmal-ist-alles-anders-Syndrom bezeichnet wird. Auch hier kann der Mensch tatsächlich immer wieder auf die gleichen Muster des Wunschdenkens hereinfallen, zum Beispiel wenn er Vermögenswerte oder die Chancen einer Innovation überschätzt. Sowohl die Dotcom-Blase der 1990er Jahre als auch die amerikanische Immobilienblase von 2008 sind Beispiele dafür.[199] Gern wird die kapitalistische Gier zum Schuldigen dafür gemacht, aber Wunschdenken war genauso, wenn nicht noch schuldiger. Erfolgreiche Investoren wie Elon Musk und Thor Björgólfsson (dessen isländische Bank Landsbanki beim Platzen der Blase pleiteging) räumten dies selbst ein.[200] Und natürlich sind auch normale Menschen vor diesem Phänomen nicht gefeit: Hausbesitzer überschätzen den Wert ihrer Immobilien im Schnitt um 20 Prozent.[201]

Was also ist die Funktion des Wunschdenkens, wenn es uns doch nur ständig Probleme bereitet? Die banale Antwort lautet: Es fühlt sich gut an. Wenn man sich vorstellt, dass die gewünschte Zukunft schon eingetreten ist, fühlt man sich automatisch gut. Heikel wird es nur, wenn Wunschdenken da zum Einsatz kommt, wo die Dinge nicht nur unsicher, sondern auch existenziell wichtig sind. Je mehr man von der gewünschten Zukunft abhängt – sei es, dass das Haus sich tatsächlich so gut verkauft, dass die Investition klappt, dass dieser Virus nur eine Erkältung ist –, desto trügerischer ist das Wunschdenken, und desto weniger bereiten wir uns auf den Fall vor, dass es sich als unwahr erweist.

Und dies ist nur eine der Schattenseiten des Wunschdenkens. Wer es sich darin gemütlich macht, hört auf, Dinge zu hinterfragen, nach Alternativen zu suchen und Annahmen zu überprüfen. Damit wird man anfällig für alle Szenarien, in denen das gewünschte Ergebnis nicht eintritt. Das ist auch der Grund, warum Wunschdenken oft für Prokrastination verantwortlich ist, eben weil wir es so gern hätten, dass wir schneller und besser sind als gedacht und weniger Zeit oder Ressourcen für eine Aufgabe benötigen, als es tatsächlich der Fall ist.[202] Der sogenannte Planungsirrtum ist der Grund, warum 90 Prozent der Manuskripte verspätet abgegeben werden, warum fast alle Steuererklärungen in Verzug sind und warum Bauprojekte (vom Berliner Flughafen bis zum Opernhaus in Sydney) erst Jahre später und zu viel höheren Kosten als erwartet fertiggestellt werden.[203] Auch in der IT-Branche wird nur ein Drittel der Projekte pünktlich abgeschlossen.[204]

Wunschdenken bedeutet auch, dass wir Risiken unterschätzen, obwohl wir uns ihrer voll bewusst sind – das nennen Futuristen ein Graues Nashorn (ein Cousin des Schwarzen Schwans, dem wir bereits begegnet sind), ein Ereignis, vor dem mehrfach gewarnt, aber das trotzdem ignoriert wurde.[205] Ein Beispiel ist der Krieg in der Ukraine. Ein Monat vor der Invasion wurde seine Wahrscheinlichkeit mit 40 Prozent beziffert, obwohl es nachrichtendienstliche Warnungen gab, dass mehr als 100 000 russische Soldaten mobilisiert worden waren.[206] Auch viele der Opfer des amerikanischen Anlagebetrügers Bernie Madoff waren dem Wunschdenken verfallen. Einer war explizit gewarnt worden, er antwortete nur: »Wenn Sie recht haben, bin ich ein toter Mann.« (Er verlor 2008 1,4 Milliarden Dollar und beging später in seinem Büro Suizid.)

Wunschdenken tummelt sich nicht nur in höchsten strategischen und finanziellen Sphären, sondern auch bei Otto Normalverbraucher, der im Schnitt sein persönliches Risiko einer Herzerkrankung gern unterschätzt, obwohl es die Todesursache Nummer eins ist.[207] Auch – oder gerade – in potenziellen Katastrophengebieten spielt das Wunschdenken gern einen Streich. Wir haben bereits im letzten Kapitel gesehen, dass die meisten Menschen, die in so einem Gebiet leben, nicht ausreichend dagegen versichert sind. Aber die fünf Millionen Menschen, die in der Zone mit dem höchsten Vulkanrisiko der Welt in Süditalien (Vesuv, Campi Flegrei und Ischia) leben, sind wohl eines der extremsten Beispiele. Sie haben nicht nur keine Versicherung, sondern nicht einmal angemessene Evakuierungspläne.[208] Ob sie und die von ihnen gewählten Politiker dabei mehr oder weniger dem Wunschdenken erliegen als die Planer des japanischen Kernkraftwerks Fukushima, das 2011 von einem Tsunami getroffen wurde, ist schwer zu sagen. Und dann ist da natürlich noch das tragischste Beispiel für Wunschdenken: der Klimawandel.[209] Natürlich ist das Wunschdenken nicht der einzige Grund, warum Menschen die Folgen ihrer industriellen Aktivitäten lange ausgeblendet haben, aber es war der emotionale Treibstoff im Tank all derer, die leugneten, dass es ihn überhaupt gibt. Es war schlicht einfacher zu glauben, die Beweise seien falsch.

Oft holt uns die Realität aber ein und wir merken, dass unser Optimismus keiner war, sondern eine optisch-emotionale Täuschung. Wir sehen mit eigenen Augen, dass die geliebte Fußballmannschaft oder gewählte Partei nicht gewinnt, und eben weil Wunschdenken etwas Emotionales ist, ist auch unsere Reaktion emotional, Wut etwa oder Trauer. Schlimmer noch ist es, wenn wir ein Risiko eingegangen sind und etwas verloren haben durch Wunschdenken, dann kann die Fallhöhe aus dem Wolkenkuckucksheim hoch sein und der Aufprall ein Schock. Dementsprechend ist unsere Reaktionszeit lang, was manchmal nur noch mehr Probleme schafft.

Das Wichtigste im Kampf gegen das Wunschdenken ist zu wissen, dass es existiert und dass es besonders gern da auftaucht, wo wir emotional investiert haben. Wunschdenken ist im Grunde nichts anderes als ein Gefühl, das sich als Tatsache verkleidet hat. Regelmäßig Fakten zu prüfen und sich zu hinterfragen, ist also keine schlechte Idee. Auch Murphy's Law sollte ein gutes Gegengewicht sein – es besagt, dass alles, was schiefgehen kann, auch schiefgehen wird. Unter diesem Gesichtspunkt zu planen und Alternativen zu entwickeln, ist deshalb nie verkehrt. George Orwell war sich sicher, dass wir nicht dazu verdammt sind, ständig im Walde zu pfeifen, dass »es möglich ist, objektiver zu sein … aber dass es eine moralische Anstrengung erfordert. Man kann seinen eigenen subjektiven Gefühlen nicht entkommen, aber man kann zumindest wissen, was sie sind, und ihnen Rechnung tragen.«[210]

3. DIE ILLUSION DER GEWISSHEIT

Immer wieder mal machen wir uns über Leute lustig, die die Zukunft spektakulär falsch einschätzen. Vom Zukunftsforscher Matthias Horx, der 2005 ankündigte, »von Facebook wird in fünf bis sechs Jahren kein Mensch mehr reden«, bis zu Microsofts CEO Steve Ballmer, der dem iPhone »keine Chance« zusprach, je einen »nennenswerten Marktanteil« zu bekommen[211], passiert es immer wieder, dass eine feste Überzeugung sich als komplett falsch erweist. Aber niemand von uns ist vor einem gefährlichen Mechanismus gefeit, der hinter diesen Fehlern steckt: die absolute Gewissheit in die eigenen Überzeugungen und Meinungen, welche uns wiederum die Illusion vermittelt, dass wir bereits wissen, was passiert. Dieser Mechanismus ist mit dem Wunschdenken verwandt, aber hat eine leicht andere Funktion (mehr dazu später).

Das Problem bei der Gewissheit ist vor allem: Niemand *weiß*, was passiert. Man kann raten, eine Ahnung haben, Grund zur Annahme, dass etwas wahrscheinlich ist, aber absolute Gewissheit gibt es nicht. Und wie auch das Wunschdenken kann die Gewissheit sich wie eine Tatsache anfühlen, doch es ist lediglich ein Gefühl – ein schönes Gefühl, weil es Hoffnung und Sicherheit gibt, aber dennoch ein Gefühl, das keinen Beweis, keine Fakten vorweisen kann. Das liegt daran, dass es nicht das Ergebnis einer rationalen, reflektierten Überlegung ist, sondern vom aktiven Filtern von Informationen, die ihr widersprechen könnten. Und auch hier gilt, je mehr Emotionen man für etwas empfindet, desto mehr tut man es. Paradoxerweise bedeutet das: Je gewisser man sich einer Sache ist, desto wahrscheinlicher ist es, dass man sich irrt. Gewissheit ist nicht per se optimistisch oder pessimistisch, sondern zeichnet sich dadurch aus, dass sie keinen Zweifel daran lässt, wohin sie führt.

Natürlich kann eine kleine Dosis Gewissheit hier und da nicht schaden – man kann sich sicher sein, dass man einen Parkplatz neben dem Restaurant findet oder dass eine politische Partei Erfolg haben wird –, aber wenn man Gewissheit zu hoch dosiert, wird man fatalistisch, faul, blind für Alternativen, intolerant oder sogar gewalttätig und anfällig für Gefahren, Überraschungen und Veränderungen.

Warum fällt man dennoch immer wieder darauf herein? Zwei Gründe. Erstens, weil die Illusion der Gewissheit eine unangenehme Gegenwart erträglicher macht. Das mag paradox klingen, schließlich bezieht sich die Gewissheit ja auf etwas, das in der Zukunft liegt, aber ihre Funktion bezieht sich auf das Jetzt – und zwar besonders dann, wenn im Jetzt etwas schwer zu verstehen ist, für das es keine offensichtliche Erklärung gibt (deswegen taucht es gern auf, wenn wir etwas Neuem begegnen, wie anfangs Facebook oder dem iPhone). Dann wird gern ein Kniff angewandt, der den Erklärungsnotstand durch die Zukunft ersetzt, indem das Unerklärliche, vielleicht auch Unangenehme jetzt zum Teil einer größeren existenziellen Geschichte (v)erklärt wird. Dadurch wird das Unschöne am Jetzt nicht nur erklärt, sondern sogar lohnenswert, denn nun ist es Teil einer Reise zu etwas Besserem. Der andere Effekt dieser grundlosen Gewissheit ist, dass es sich gut anfühlt, denn es gibt ein (falsches) Gefühl der Sicherheit, gerade wenn wir uns besonders unsicher fühlen.

Man kann diese falsche Sicherheit eigentlich recht einfach abfedern, indem man sich selbst infrage stellt, indem man nach Informationen sucht, die ihr widersprechen, indem man seine Annahmen darlegt und definiert, unter welchen Bedingungen man seine Meinung ändern würde. Diejenigen unter uns, die dazu besonders fähig sind, stechen in Prognosemärkten als besonders talentierte Zukunftsseher hervor und werden dann *Superforecaster* genannt. Alles, was man dazu braucht, sind ein bisschen geistige Agilität und die Fähigkeit, sein Ego loszulassen, ein Kinderspiel.[212]

Man erkennt eine Überdosis Gewissheit meist an Begriffen wie »immer«, »nie«, »alle« oder »niemand«, am Fehlen des Konjunktivs und von relativierenden Begriffen wie »vielleicht« oder »womöglich«. Paradoxerweise tritt diese Überdosis gerade in den Bereichen auf, in denen die Unsicherheit am größten ist, solche, bei denen wir gerade besonders wenige solide Daten und Beweise haben – wie im spirituellen und politischen Bereich, vielleicht deshalb, weil hier viel auf dem Spiel steht.

Die Zukunft der Apokalypse

Ein Konzept, das regelmäßig für eine gute Überdosis an Gewissheit (aus-)genutzt wird, ist die Endzeit oder Apokalypse (was im Griechischen eigentlich nur Offenbarung bedeutet). Demzufolge wird die Menschheit irgendwann eine Reihe von Katastrophen und Krisen durchlaufen und dann geht die Welt, wie wir sie kennen, unter.

Die Grundidee hierfür findet sich in fast allen Weltreligionen, sei es im Buddhismus, im Judentum, im Christentum, im Islam und in der altnordischen Religion (nur der Taoismus hat kein Endzeitkonzept). In allen religiösen Untergangsfantasien geht dem Ende eine Reihe von Zeichen voraus – gern Drachen oder Reiter –, die das Jüngste Gericht ankündigen, wenn Gott die Menschen nach ihren Taten richten wird. Endzeit mag nach Ende klingen, aber eigentlich ist es eher ein Neuanfang. Danach warten entweder die Hölle oder das Paradies, oder das Ganze beginnt wieder von vorn. Die Apokalypse ist daher nicht zu verwechseln mit wissenschaftlichen Spekulationen darüber, wann die Sonne ausgebrannt sein wird (in fünf Milliarden Jahren), mit den Auswirkungen des Klimawandels oder gar mit den möglichen Folgen eines Atomkriegs. Die Endzeit ist ein spiritueller Moment der Abrechnung, eine Strafe Gottes für schlechtes menschliches Benehmen. Was aber hat dies mit Gewissheit zu tun?

Alle großen Religionen haben Spekulationen darüber verboten, wann dies geschehen wird. Das hat die Menschen aber nicht davon abgehalten zu spekulieren: 39 Prozent der Amerikaner – darunter fast die Hälfte der Christen (47 Prozent) – glauben, dass wir heute schon in der Endzeit leben. 83 Prozent der Menschen in Afghanistan, 72 Prozent im Irak und 68 Prozent in der Türkei erwarten den Beginn der Endzeit noch zu ihren Lebzeiten.[213] Weltweit waren 14 Prozent der Menschen davon überzeugt, dass sie mit dem Ende des Maya-Kalenders im Jahr 2012 Zeuge des Armageddon werden würden.[214] (Armageddon klingt beängstigend, bedeutet aber nur »Schlacht auf einem Hügel außerhalb Jerusalems«). Europa scheint die Ausnahme zu sein. (Wobei immerhin 20 Prozent der Briten meinten, die Regierung sollte Notfallpläne für eine religiöse Apokalypse haben.[215]) Bei einer Umfrage in Deutschland sagten 46 Prozent »Unsinn« und 31 Prozent »möglicherweise« bei der Frage nach dem kommenden Untergang. Nur 10,5 Prozent waren sich sicher.[216]

Unabhängig von diesen Umfragen gibt es immer wieder radikale Gruppen, die absolute Gewissheit an den Tag legen, dass die Apokalypse vor der Tür steht. Das Ende mag eine komische Zukunft sein, es geht aber mit überraschenden Effekten einher, die solche Gruppen sich zunutze machen. Nichts schafft mehr Zusammenhalt als die Idee, dass eine Gruppe von Gott auserwählt ist und als einzige weiß, was vor ihr liegt. Gerade deshalb werden diese Gruppen irgendwann gewalttätig, gegen sich selbst, aber auch gegen andere, sie sind schließlich Eingeweihte einer göttlich vorbestimmten Entwicklung.

Die ersten Aufzeichnungen, die wir von einer solchen Gruppe haben, stammen aus dem Jahr 66 n. Chr., aber sie tauchen immer wieder in der Geschichte der Menschheit auf. In den 1960er und 1970er Jahren etwa gab es People's Temple, die Manson-Familie, die Branch Davidians und Heaven's Gate, und in den 1990er Jahren war es die japanische Sekte Aum Shinrikyo. Unser jüngstes Beispiel ist der Islamische Staat, der sich nicht nur sicher war, dass das Ende nah ist, sondern dass er selbst eines seiner Vorzeichen ist.[217] Alle diese Gruppen benutzen das Konzept der Apokalypse, um die Gegenwart für sich erträglich zu machen, denn nun ist sie nicht mehr nur unangenehm, sondern Teil einer großen und weiten Zukunft, die sie direkt beeinflussen. Aus der Machtlosigkeit heraus schafft man sich so Einfluss auf die Zukunft.

Das Wichtigste, was man über apokalyptische Bewegungen, ob groß oder klein, wissen muss, ist, dass sie nicht mehr über die Zukunft *wissen* als wir. Alles, was sie wissen, ist, wie man der aktuellen Krise eine größere Bedeutung verleihen kann, indem man sie in eine existenzielle Geschichte über die Menschheit einfügt und sie dadurch erträglicher macht.[218] Deshalb gibt es in der Geschichte immer wieder Momente, in denen der Millennarismus besonders stark, und andere, in denen er weniger beliebt ist. Immer wenn die Dinge besonders schlecht oder überwältigend erscheinen, können manche dem Scheinwissen über den Untergang nicht widerstehen.[219] Und natürlich ist die Angst vor der Endzeit auch ein lukratives Geschäft: Fernsehprediger in den Vereinigten Staaten verkaufen Survival-Kits mit dem Slogan »Stell dir vor, die Welt geht unter, und du frühstückst wie ein König«, und Versicherungen bieten dort Versicherungsschutz für die Zombieapokalypse an.[220]

Das Ende der Geschichte: Die Philosophie des Fortschritts

Radikale Gruppen, die vorgeben zu wissen, wann und wie das Ende eintritt, sind nicht die Einzigen, die mit absoluter Gewissheit auf die Zukunft schauen. Auch jeder, der vorgibt zu *wissen*, dass die Menschheit sich ständig vorwärtsentwickelt, gehört zum gleichen Schlag. Der Ton mag anders sein, aber die Fakten sind genauso lückenhaft. Im Gegensatz zur Apokalypse handelt es sich hierbei um ein neueres Konzept, das zusammen mit der Geschichtswissenschaft entstanden ist. Wie im ersten Kapitel erwähnt, bestand die Geschichte früher nur aus einer Aneinanderreihung von Fakten, bis im 17. Jahrhundert die Metageschichte geboren wurde. Dabei handelt es sich im Wesentlichen um die Idee, dass die menschliche Entwicklung nicht nur zufällig vor sich hin taumelt, sondern eine Richtung zu etwas Besserem hat, was gemeinhin als *Fortschrittsphilosophie* oder *Fortschrittsglaube* bezeichnet wird.

Der Erste, der diese Idee vertrat, war der Italiener Giambattista Vico. Er war der Meinung, dass Völker geschichtliche Phasen durchlaufen, aber er war sich nicht sicher, ob dies kreislaufartig oder spiralförmig stattfindet und ob es im Laufe der Zeit eine Verbesserung gibt oder nicht. Andere schlossen sich dieser Idee einer Metarichtung an, aber waren sich sicher: Alles wird besser. Ein Vertreter dieser Idee war der französische Revolutionär Nicolas de Condorcet, der in seiner *Skizze für ein historisches Bild des Fortschritts des menschlichen Geistes* unbegrenzte Fortschritte in Wissenschaft, Technik, Moral und Gesellschaft vorhersagte, einschließlich der Gleichstellung der Rassen und Geschlechter und des Friedens zwischen den Völkern. Der bekannteste Vertreter dieser Idee ist aber Georg Wilhelm Friedrich Hegel, der eine ganze Philosophie entwickelte, in der er behauptete, dass die Geschichte ein Prozess sei, der ultimativ zur Freiheit der Menschheit führen werde.[221] (Hegel sagte aber nicht, dass diese Entwicklung glatt oder linear verlaufen würde.)

Damit war Hegel der erste Philosoph, der sich ernsthaft mit der Zukunft als essenziellem Teil der menschlichen Geschichte befasste. Bis dahin hatten Philosophen eher die Dinge im Jetzt erklärt, ohne der Zukunft viel Raum zu geben.

Einer war ganz besonders unglücklich darüber: Karl Marx. 1845 schrieb er: »Die Philosophen haben die Welt nur interpretiert … Die Hauptsache aber ist, sie zu verändern.« In diesem Sinne schrieb er auch, dass »der Sieg des Proletariats unvermeidlich« ist, weil das kapitalistische System ultimativ implodieren werde.[222] Marx hatte mit einigem recht, er beschrieb Produktions- und Reichtumsstrukturen und skizzierte einige mögliche Entwicklungen, die dann auch tatsächlich eingetreten sind, wie die Mechanisierung der

Arbeit oder die globale Expansion des Kapitalismus. Aber die Gewissheit, mit der er das Ende aller Klassen und sogar der Staaten vorhersagte, sorgte für Spannungen. Staaten, die nicht marxistisch waren, hatten Angst vor dieser anscheinend unvermeidlichen Zukunft; und Staaten, die es bereits waren, setzten seine Vision mit Intoleranz und Gewalt durch, schließlich hatten sie die Gewissheit der Zukunft auf ihrer Seite. Der sowjetische Scherz »Die Zukunft ist sicher, die Vergangenheit ist unvorhersehbar« pointiert diese Idee. In kommunistischen Staaten wie der Sowjetunion oder China beschränkte sich deshalb das Nachdenken über die Zukunft zumeist auf die Planung. Da man bereits mit Gewissheit wusste, wie die Zukunft aussah, wurde ein Abweichen davon allein durch die Vorstellung von Alternativen fast schon als ketzerisch angesehen, vor allem unter Stalin. Strategische Vorausschau gab es in Staaten von marxistischer Prägung deshalb quasi nicht. Eine kurze Öffnung dafür wurde in Rumänien schnell im Keim erstickt, als der Diktator Ceauşescu erkannte, dass die Zukunft als Möglichkeitsraum gefährlich war, weil er Alternativen zum Sozialismus suggerierte. Und Miloš Zeman, der spätere Präsident der Tschechischen Republik, verlor 1989 deshalb seinen Job, weil er einen Artikel veröffentlichte, in dem er die Zukunft als einen Raum voller Möglichkeiten darstellte, anstatt die vorbestimmte sozialistische Zukunft.[223]

Auch wenn Francis Fukuyama mit seinem Buch *Das Ende der Geschichte* (1992; man beachte den Verweis auf Hegels Ende der Menschheit) politisch in der entgegengesetzten Richtung lag wie Marx, legte er doch die gleiche Gewissheit an den Tag. Er stellte die These auf, dass der große Kampf zwischen den politischen Systemen vorbei sei und dass, wie

Hegel vorausgesagt hatte, die Demokratie das Modell sein würde, nach dem von nun an alle Gesellschaften streben würden.

Alle drei – Fukuyama, Marx und Hegel – haben viel Kritik und Spott für ihre Vorhersagen einstecken müssen, eben weil sie nicht komplett eingetroffen sind. Aber dass sie nicht richtiglagen, ist noch nicht einmal das Hauptproblem, sondern zwei andere Aspekte. Der erste ist, wenn man die Zukunft aus der Geschichte heraus mit Gewissheit voraussagen will, wie weit macht man die Linse dann auf? Wann beginnt die Geschichte, und wo beginnt sie? Die meisten Metageschichten konzentrieren sich auf die letzten 5000 Jahre und mit Vorliebe auf die westliche Welt. Erst vor Kurzem hat die Disziplin der Big History, der großen Geschichte, an Fahrtwind gewonnen. Sie betrachtet die Menschheit als Ganzes im Universum und verwendet einen viel breiteren Blickwinkel. Yuval Noah Hararis Buch *Eine kurze Geschichte der Menschheit* ist ein Beispiel für einen solchen Versuch, aber es gibt auch andere. Das zweite Problem mit deterministischer Geschichte ist, dass sie das Nachdenken über andere Optionen behindert. Die feste Überzeugung, dass Demokratie oder Kommunismus ihren Siegeszug unaufhaltbar fortsetzen können, hat in beiden Fällen zu intellektueller Faulheit geführt, die Gewissheit, dass Krieg quasi ausgerottet ist, hat uns verletzlich gegenüber denjenigen gemacht, die das nicht so sehen, der Glaube, dass der Fortschritt nur ein Gesicht hat, bedeutet, dass man ihn nicht sieht, wenn er sich in anderen Formen zeigt.[224] Wann immer jemand in Bezug auf die Zukunft Gewissheit an den Tag legt, sollte bei uns automatisch der Alarm losgehen.

4. DIE GEFÄLSCHTE ZUKUNFT

Genauso wie es gefälschte Gucci-Handtaschen und Uhren gibt, gibt es auch gefälschte Zukünfte: Prognosen, die wie das Original aussehen, es aber nicht sind. Da diese Tools nicht das Ergebnis von Wissenschaft, studierter Ursache und Wirkung oder rationalen Reflexionsprozessen sind, ist die Wahrscheinlichkeit sehr hoch, dass sie nicht dabei helfen, bessere Entscheidungen in Bezug auf die Zukunft zu treffen, was ja die eigentliche Funktion der Zukunftsfähigkeit ist.

Es gibt zwei Arten von gefälschten Zukünften. Die erste sieht die Zukunft als das Ergebnis von Kräften, die außerhalb unserer Kontrolle liegen. Diese Denkweise geht auf die babylonische Vorstellung zurück, dass die Zukunft eine geschriebene, festgelegte Sache sei, die wir nicht beeinflussen, aber bis zu einem gewissen Grad vorhersagen können, indem wir uns Ereignisse und Entwicklungen ansehen, die ihr vorausgehen (aber in Wahrheit nichts mit ihnen zu tun haben). Diese Art von gefälschter Zukunft ist die meistverbreitete – vielleicht weil es sehr lange, bis zum 17. Jahrhundert, üblich war, die Zukunft als etwas zu betrachten, das wir nicht beeinflussen können.

Die andere Art der Zukunftsfälschung besteht darin, dass wir glauben, die Zukunft beeinflussen zu können, indem wir Schritte unternehmen, die nichts mit ihr zu tun haben. Dies nennen wir Aberglaube und ist nichts anderes als die Überzeugung, dass es einen kausalen Zusammenhang gibt zwischen zwei Ereignissen, der in Wirklichkeit nicht besteht. Beispiele sind die Annahme, dass es Unglück bringt, unter einer Leiter durchzugehen, eine schwarze Katze über die

Straße laufen zu sehen, Salz zu verschütten oder vor Schauspielern »Macbeth« zu sagen. Andere Beispiele sind die Zahlen 13, 14 und 17, die in so vielen verschiedenen Kulturen als Unglücksbringer gelten, dass die meisten Fluggesellschaften Reihen mit diesen Zahlen entfernt haben. Das Mitführen eines Amuletts oder Talismans, die Worte »Hals- und Beinbruch«, das Essen von Linsensuppe vor Mitternacht am 31. Dezember sollen alle wiederum Glück bringen. Diese Beispiele sind alle europäisch und amerikanisch, aber in anderen Kulturen gibt es ähnliche Kniffe. In China gilt die Zahl Acht als Glückszahl, die Vier und Schnurrbärte wiederum bringen Unglück, in Ägypten soll es Glück bringen, unter einer Leiter durchzugehen, und bei uns ist es genau das Gegenteil.[225]

Aber keine dieser gefälschten Zukünfte, egal in welcher Form, hat Beweise dafür, dass sie tatsächlich die Zukunft sehen oder einen Weg sehen, die Zukunft zu beeinflussen. Beweise im wissenschaftlichen Sinne, versteht sich.

Nehmen wir nur die Horoskope, die vielleicht berühmteste Form der Zukunftsfälschung. Sie wurden um 2000 v. Chr. von den Babyloniern erfunden, und ihre Grundidee besteht darin, dass die Sternenkonstellation zum Zeitpunkt unserer Geburt unsere Persönlichkeit und unseren Lebensweg bestimmt. Weil es enorm viele Sternkonstellationen gibt, reduzierten die Babylonier sie auf zwölf, eigentlich sind es 13, aber die Babylonier fanden, dass zwölf besser klingt. Wer zwischen dem 29. November und dem 17. Dezember geboren ist, wäre theoretisch weder Skorpion noch Schütze, sondern Ophiuchus.[226] Heute findet man Horoskope fast überall auf der Welt, so beliebt sind sie. Der Haken: Trotz ihrer Beliebtheit gibt es keinerlei Beweise dafür, dass Horoskope die

Zukunft voraussagen.[227] In Studien waren Astrologen nicht in der Lage, Horoskope mit individuellen Persönlichkeitsprofilen abzugleichen. In anderen erkannten 95 Prozent der Befragten sich in einem zufällig ausgewählten Horoskop, das man ihnen als ihres vorgelegt hatte – obwohl es in Wirklichkeit das Horoskop des französischen Serienmörders Marcel Petiot war.

Horoskope sind nicht die einzige Art von gefälschter Zukunft. Auch Vorahnungen oder Träume haben keine höhere Trefferquote: Während eines Experiments im Vereinigten Königreich im Jahr 1966 führte der *Evening Standard* (damals von Anna Wintours Vater Charles geleitet) ein Experiment namens *The Premonitions Bureau* durch. Dabei wurden mehr als 700 Vorahnungen gesammelt, von denen immerhin drei Prozent (insgesamt 18) später auch eintrafen. Weder Tarotkarten (die im 14. Jahrhundert in Italien auftauchten, aber erst 400 Jahre später zum Wahrsagen verwendet wurden) noch Hellseher, Kristallkugel-Lesen (1. Jahrhundert v. Chr. in Rom), Handlesen (300 v. Chr. in Indien), Tasseomantie – die Methode des Lesens in Teeblättern oder gemahlenem Kaffee – können nachweisen, dass sie die Zukunft zuverlässig vorhersagen.

Das tut ihrer Beliebtheit aber keinerlei Abbruch. 37 Prozent der amerikanischen Frauen und 20 Prozent der Männer glauben an Astrologie, unabhängig davon, ob sie religiös sind oder nicht, ebenso wie 43 Prozent der deutschen Frauen.[228] Auch anderer Aberglaube ist weit verbreitet. 69 Prozent der amerikanischen Frauen und 39 Prozent der Männer geben zu, dass sie schon einmal einen Hellseher kontaktiert haben.[229] 18 Prozent der amerikanischen Frauen und acht Prozent der Männer geben zu, dass sie sich in einem Hotelzimmer im 13. Stockwerk unwohl fühlen.[230] In den Vereinigten Staaten stiegen die Suchanfragen nach »Tarotkarten« und »wie man Tarotkarten liest« während der Pandemie um 31,9 Prozent und 78,4 Prozent.[231] Wie anfällig eine Gesellschaft für Zukunftsfälschungen ist, hängt davon ab, inwieweit sie die Wissenschaft als Standard für die Feststellung von Ursache und Wirkung übernommen hat – wo dies nicht der Fall ist, übernimmt der Aberglaube die Rolle der Wissenschaft.[232] Dies erklärt auch, warum die Astrologie eine der sieben Künste war, die alle Studenten in Europa studieren mussten – bis zum 17. Jahrhundert, als sie von der Wissenschaft abgelöst wurde.

Wie kommt es also, dass unsere ansonsten recht anständige Zukunftsfähigkeit auf eine Reihe von Instrumenten hereinfällt, für die es keinen Beweis gibt, dass sie tatsächlich funktionieren? Dafür gibt es im Großen und Ganzen drei Gründe. Erstens hassen Menschen es, wenn sie Kausalitäten nicht verstehen. Zufall ist für das Gehirn das, was Knoblauch für Vampire ist, quasi abstoßend. Also sucht unser Gehirn ständig nach Mustern, und es findet sie an den seltsamsten Orten, auch da, wo keine sind. Aber wenn wir eines finden, fühlen wir uns gut (ähnlich wie bei einer gefälschten Gucci-Handtasche), weil es eine unsichere Welt sicherer macht. So erging es auch den 95 Prozent der Menschen, die sich im Horoskop eines Mörders wiedererkannten. Dieses Phänomen, der sogenannte Barnum-Effekt, tritt auf, wenn wir uns in sehr vagen Aussagen wiedererkennen. (»Manchmal sind Sie sich Ihrer Sache sehr sicher, und manchmal sind Sie nicht so sicher.«) Es funktioniert besonders gut, wenn die Aussagen positiv sind (»Die Leute bewundern Sie«), wenn wir denken, dass sie nur auf uns zutreffen (was bei Horoskopen der Fall ist, da sie auf unserem Geburtstag basieren), und wenn die Person, die sie macht, als Autorität gilt (wie ein berühmter Astrologe).[233]

Der zweite Grund, warum wir auf falsche Zukunftsprognosen hereinfallen, hängt mit dem ersten zusammen: Wenn wir ein Muster gefunden haben, das uns hilft, die Vergangenheit, die Gegenwart und die Zukunft zu verstehen, haben wir das Gefühl, die Kontrolle zu haben. Deshalb neigen Menschen, die sich machtlos fühlen oder nur über wenig Einfluss verfügen, eher zu solchen gefälschten Zukunftsprognosen. Es hilft, mit dem Gefühl fertigzuwerden, dass sie keinen oder nur wenig Einfluss auf ihre Zukunft haben. Dies ist auch eine mögliche Erklärung dafür, warum Frauen, die sich im Allgemeinen weniger mächtig und einflussreich fühlen als Männer, häufiger Horoskope lesen und Hellseher zurate ziehen. Unabhängig vom Geschlecht neigen Menschen, die ein größeres Bedürfnis nach Anerkennung haben, ängstlich, wenig selbstbewusst und deprimiert sind, eher dazu, auf solche Zukunftsfälschungen zurückzugreifen. Dies könnte auch erklären, warum die amerikanischen Millennials und die Generation Z – zwei Generationen, die mit Existenzangst und Machtlosigkeit zu kämpfen haben – am ehesten bereit sind, auf diese Hilfsmittel zurückzugreifen – 33 Prozent im Vergleich mit 21 Prozent der Amerikaner über 65.

Der dritte Grund, warum wir auf gefälschte Zukunftsprognosen zurückgreifen, ist, dass sie uns glücklich machen, was schon deshalb logisch ist, weil sie uns ein Gefühl der Sicherheit und Kontrolle vermitteln. Eine Studie hat gezeigt, dass das Lesen hoffnungsfroher Horoskope die positive Interpretation von Ereignissen, die kognitive Leistung und die Kreativität steigert – allerdings nur bei Menschen, die das Gefühl hatten, vorher keine Kontrolle zu haben.[234]

Gefälschte Zukunftsprognosen können uns eben auch Hoffnung geben, wenn wir keine haben. 1854, als Spiritismus in Mode war, kam der amerikanische Sozialist Robert Owen nach einer Sitzung mit einem Medium zu der Überzeugung, er habe mit den Geistern von Benjamin Franklin und Thomas Jefferson gesprochen. Er war sich sicher, dass sie ihm die glorreiche Zukunft der Menschheit prophezeit hatten (was er später in *The future of the Human race; or great glorious and future revolution to be effected through the agency of departed spirits of good and superior men and women* niederschrieb). Owen war sich sicher, dass der Spiritualismus »die Welt auf den allgemeinen Frieden vorbereiten und allen den Geist der Nächstenliebe, der Nachsicht und der Liebe einflößen« würde.[235]

Was ist also das Problem mit Zukunftsfälschungen? Genau wie beim Wein ist Maßhalten das A und O. Hier und da ein Horoskop zu lesen und nicht in Reihe 13 zu sitzen, sind harmlose kleine Handlungen, um das Gefühl der Unsicherheit und des Mangels an Kontrolle zu bewältigen, das wir manchmal haben, wenn es um die Zukunft geht.

Aber genau wie Rotwein ist auch ein Zuviel an gefälschten Zukünften gefährlich. Wenn wir diese Tools benutzen, anstatt unsere Zukunft selbst in die Hand zu nehmen, lagern wir die Verantwortung und die Möglichkeiten aus – mit bisweilen tragischen Konsequenzen. In Japan und Korea etwa führte ein für Mädchen besonders ungünstiges Tierkreiszeichen 1966 zu einem Anstieg von Abtreibungen.[236] In Indien heiraten Paare entsprechend ihrer astrologischen Übereinstimmung – obwohl es keinerlei Beweise für einen Zusammenhang zwischen Scheidungsraten und astrologischer »Kompatibilität« gibt.[237]

Und natürlich nutzen auch hier einige unser Bedürfnis nach Gewissheit aus. In New York verlangt ein Astrologiezentrum bis zu 1000 Dollar pro Beratung, vor allem dank der Behauptung, dass es Börsenstürze vorhersagen kann, und die Finanzsoftware Market Analyst korreliert Himmelsbewegungen mit Wirtschaftsdaten.[238] Da 40 Prozent der Generation Z glauben, dass Astrologie ihnen helfen kann, bessere finanzielle Entscheidungen zu treffen, ist dies ein lukrativer Markt – trotz des Mangels an Beweisen. Fruchtbarkeitswahrsager sind ein ganz neuer Markt, der erst kürzlich entstanden ist und sich an Frauen bereichert, die oft verzweifelt versuchen, ein Kind zu bekommen. Auch wenn das Konzept wesentlich älter ist, ist all dies doch genauso wie die mittelalterliche Praxis des Ablasshandels (der im Wesentlichen einen Platz im Himmel garantiert). Amerikanische Fernsehprediger haben diese Praxis wiederbelebt, indem sie im Gegenzug von Geldspenden an sie selbst Erfolg in der Wirtschaft, in der Liebe und in der Gesundheit versprechen.

Falls Sie noch einen weiteren Grund brauchen, um die Dosis an gefälschten Zukünften zu senken: Es scheint mit wenig schmeichelhaften Persönlichkeitsmerkmalen wie Narzissmus, autoritären Tendenzen und geringer Intelligenz zu korrelieren.[239]

»Du musst verlernen, was du gelernt hast (...) –
Die Zukunft ist immer in Bewegung.«

Yoda, Star Wars: Das Imperium schlägt zurück (1980)

KAPITEL V

Störungsbehebung

Es gibt vier Arten von Betriebsstörungen bei der Zukunft: Wie ein alter Käse hat sie ihr Verfallsdatum überschritten und ist nicht mehr gültig, man kann sie nicht sehen, sie macht uns große Angst, oder wir wissen einfach nicht, was wir von ihr wollen. Wir nennen das dann deshalb gestört, weil sie in diesen Fällen nicht mehr ihre eigentliche Funktion erfüllt, nämlich uns dabei zu helfen, für das Jetzt Handlungsoptionen zu entwickeln.

Die gute Nachricht ist, dass diese Fehler normalerweise nur vorübergehend sind: Oft setzt das System sich wieder von allein in Gang, aber eben nicht immer. Wenn man die Zukunft zwischendurch mal vergisst – zum Beispiel, weil man zu viel Spaß an der Gegenwart hat –, gilt das übrigens deshalb nicht als Betriebsstörung, weil es ganz normal ist, nicht ständig an die Zukunft zu denken.

1. ABGELAUFENES GÜLTIGKEITSDATUM

Ganz wie Lebensmittel ein Verfallsdatum haben, so können auch Zukünfte »ablaufen«, nämlich dann, wenn sie nicht mehr nützlich, machbar oder wünschenswert sind. Das ist völlig normal, aber doch manchmal unangenehm, und es kann auf verschiedene Arten passieren. Die erste Weise des Ablaufens von Zukunft ist die natürlichste, wenn man so will, wenn sie einfach zeitlich vorbei ist. In diesem Fall fällt es den meisten von uns wahrscheinlich noch nicht mal auf, dass eine alte Idee der Zukunft verschwunden ist. Die Sehnsucht nach einem Urlaub, die Angst vor einer Prüfung, die Nervosität vor einem Flug, die Aufregung vor der Unterzeichnung eines Kaufvertrages oder bei der Vorstellung, sich zu verlieben, zu heiraten oder ein Kind zu bekommen – all das löst sich einfach auf, sobald es passiert ist. Bei Gesellschaften ist das nicht anders: Wie groß unsere Angst vor dem Ozonloch, vor Terroranschlägen oder Rezessionen war, ist oft so schnell vergessen, dass man im Nachhinein das Gefühl bekommt, so schlimm war das alles gar nicht. Das Gleiche gilt auch für positive Zukünfte: Die Vorfreude auf eine gemeinsame Währung, eine neue Serie oder sogar Wahlen ist nicht mehr abrufbar, sobald es eingetreten ist.

Der Grund dafür ist, dass Zukünfte zweckgebundene Phänomene sind, was heißt, dass ihre Funktion darin besteht, Entscheidungen und Handlungen in Bezug auf ein konkretes Ereignis oder eine Entwicklung auszuformulieren. Sobald dieser Zweck sich erledigt hat, entrümpelt der Geist alte Zukünfte automatisch. Das merkt man auch daran, dass es außerordentlich schwerfällt, sich an vergangene Zukünfte zu erinnern. Viele von uns wissen noch nicht mal mehr, welchen Beruf sie als Kind ergreifen wollten, geschweige denn die Details einer Umzugsplanung vor drei Jahren. Die wenigen Zukünfte, an die wir uns noch erinnern können, nachdem sie abgelaufen sind, sind meist existenzieller Art, etwa Momente der Todesangst oder schwerwiegende Zukunftsentscheidungen wie Berufs- oder Partnerwahl.

Manche Zukünfte erreichen ihren Endpunkt auf eine etwas unangenehmere Art, nämlich dann, wenn sich unsere Werte verändern. Und da die Zukunft immer das Ergebnis dessen ist, was wir in der Gegenwart fühlen, brauchen neue Werte damit auch neue Zukünfte. Dies ist ein Prozess, der regelmäßig passiert, dabei haben die meisten von uns eine recht statische Vorstellung von ihrer eigenen Persönlichkeit. Studien zeigen, dass wir regelmäßig unterschätzen, wie sehr wir uns innerhalb von zehn Jahren verändern, und vielleicht sind wir auch deshalb immer wieder überrascht, wenn wir aus unseren alten Zukünften rausgewachsen sind wie aus Kleidern.[240] Dabei ist es recht offensichtlich: Als Teenager träumt man von einer Zukunft voll von Fallschirmsprüngen, Zelturlauben und Weltreisen, doch nichts davon hat es in die Zukunft von heute geschafft (bei mir zumindest nicht). Das Gleiche gilt auch für größere Zukünfte wie Heiraten, Kinderkriegen oder Berufswahl. Manches davon waren einmal erstrebenswerte Inhalte von Zukunft und sind es nun nicht mehr, oder umgekehrt, je nachdem, wie wir uns verändert haben mit der Zeit.

Und was für uns als Einzelpersonen gilt, gilt auch für Unternehmen oder Gesellschaften. Das sieht man schon daran, wie sich futuristische Ideale verändern. Die hyperurbane und hypertechnologische Zukunft der 1950er Jahre wurde in einer ganzen ästhetischen Science-Fiction-Gegenbewegung, dem Cyberpunk, ab den 1980er Jahren als Dystopie abgeschmettert. In Filmen wie *Blade Runner*, *Tron* und *Robocop* ist die Hochhauszukunft plötzlich alles andere als erstrebenswert.[241]

Anderenorts ist sie übrigens immer noch populär: Das saudische Megaprojekt »The Line«, was bis 2030 eine 170 Kilometer lange Bandstadt, unterirdisch verbunden, in die Wüste stellen soll, entspricht optisch sehr der Zukunft der 1950er Jahre – vielleicht auch, weil Kronprinz Mohammed Bin Salman ein großer Science-Fiction-Fan ist. (2017 verlieh Saudi-Arabien vielleicht auch deshalb als erstes Land einem Roboter die Staatsangehörigkeit.) Und nicht nur die Architektur hat sich in unserer Zukunft verändert, auch der Bezug zum Essen und zur Natur. In einem Artikel aus dem Jahr 1900 ist die Vorstellung, dass wir im Jahr 2000 alle Fertiggerichte essen, eine Fortschrittsidee – heute tun das zwar viele, aber fortschrittlich findet das keiner mehr.[242] Im gleichen Artikel wurde auch eine Zukunft ohne Mücken und Fliegen herbeigewünscht, doch heute fürchten wir um die Artenvielfalt. Überhaupt taucht die Idee des menschlichen Wohlbefindens erst in den Zukünften der 1960er Jahre auf, also lange nach den Anfängen des Futurismus, sodass es in den frühen Vorstellungen von einer idealen Welt keine große Rolle spielt. Alte Zukünfte können uns die Dinge zeigen, die wir nicht mehr wollen, aber umgekehrt auch für Dinge sensibilisieren, die wir damals nicht wollten und heute schon.

Unabhängig davon, was und wie es sich in uns verändert hat, das Loslassen einer alten Zukunft kann erst mal desorientierend sein. Das liegt daran, dass unsere Werte, und damit auch unsere Zukunft, unserem Leben Richtung und Ordnung geben. Wie an einem Geländer halten wir uns durch die Wirren des Lebens daran fest. Wenn sich dieses Geländer verändert, kommt es also automatisch zu einem Gefühl der Unsicherheit, der Richtungslosigkeit, der Instabilität. Wenn wir entdecken, dass wir eine liebgewonnene Zukunft nicht mehr wollen – alt werden mit einem bestimmten Partner zum Beispiel –, oder umgekehrt, dass man eine Zukunft anstrebt, die man früher fürchterlich fand – auf dem Land leben zum Beispiel –, kann sich das deshalb erst mal verwirrend und unangenehm anfühlen.

Aber dieser Prozess ist nicht falsch oder unnatürlich, er ist einfach normal. Eine Studie hat gezeigt, dass der Mensch etwa alle sieben Jahre eine sogenannte Krise durchläuft. Krise klingt für viele negativ, fast wie ein Zeichen der persönlichen Schwäche, aber sie ist ein regulärer Teil der menschlichen Existenz. Diejenigen von uns, die nie Krisen haben, sind also keine besseren Menschen, sondern sehr wahrscheinlich nur gut darin, sie zu ignorieren. Und je länger man eine Krise ignoriert, desto unangenehmer wird sie, wenn sie schlussendlich doch eintritt. Während einer Krise werden die eigenen Werte überprüft und mit dem äußeren Leben in Einklang gebracht: Eine Krise ist, wie ein Update seiner Zukunft herunterzuladen.[243] (Deshalb heißt *krisis* im Griechischen nur »Entscheidung«, es bedeutet, sich für eine Richtung zu entscheiden.) Dieser Prozess des Updatens ist für das Menschsein außerordentlich wichtig, denn nicht im Einklang mit den eigenen Werten zu leben, mit dem, was wir wirklich sind, und stattdessen den Erwartungen anderer zu folgen, ist nach den Beobachtungen einer Krankenschwester auf einer Palliativstation das, was Menschen auf ihrem Sterbebett am meisten bereuen.[244] Die berühmteste Krise ist die Midlife-Crisis, aber sie ist bei Weitem nicht die einzige.

Krisen treten mehrmals im Leben auf, nicht nur in der Mitte des Lebens.

Auch auf gesellschaftlicher Ebene haben wir Krisen, wenn wir eine alte Zukunft verabschieden. So wie Teile von uns selbst noch an einer alten Zukunft hängen, können dies auch Teile einer Gesellschaft. (Daher stammen eigentlich auch die Begriffe konservativ und progressiv: die, die für die Bewahrung des Bestehenden sind, und die, die für den Aufbruch zu etwas Neuem sind.) Das Ablaufen einer gesellschaftlichen Zukunft erkennt man an der Intensität der Emotionen, mit der die Debatte dazu geführt wird. Oft spielen Aspekte wie Identität und Geschichte darin eine große Rolle, und es wird mit Ängsten und Hoffnungen gespielt. Gern beziehen sich diejenigen, die noch an der alten Zukunft hängen, auf die Vergangenheit (ein Beispiel ist der Slogan »Make America great again«, den sowohl Ronald Reagan 1980 als auch Donald Trump 2016 zum Wahlspruch machten) und diejenigen, die mit ihr abgeschlossen haben, auf einen Neuanfang (»Zukunft wird aus Mut gemacht«, Bündnis 90/Die Grünen im Wahljahr 2017).

Die dritte Art, wie Zukünfte ablaufen können, ist die schmerzhafteste, dann nämlich, wenn die erhofften Zukünfte einfach nicht mehr in Reichweite sind. In diesem Fall wollen wir sie zwar noch, aber sie sind deshalb nicht mehr möglich, weil ihre wichtigsten Bestandteile nicht mehr zur Verfügung stehen. Das kann passieren, wenn wir eine Absage für einen Job bekommen, den wir dringend wollten, wenn wir verlassen werden oder Geld verlieren. Es kann durchaus euch etwas Existenzielleres sein, wenn Menschen sterben, die Teil unserer Zukunft waren, oder wenn wir krank werden.

Immer wenn wir einen wichtigen Bestandteil unserer

Zukunft verlieren, verlieren wir nicht nur diesen, sondern eine ganze damit zusammenhängende Zukunft. Die Wunschbilder von einer bestimmten Karriere, von einem gemeinsamen Leben am Strand in Costa Rica, von einem Haus auf dem Lande zerfallen und rieseln uns quasi durch die Finger. Plötzlich gibt es die Zukunft nicht mehr, in der wir vielleicht Profiskifahrer oder Fußballer sind, weil wir erfahren, dass unsere Knie nicht mehr mitmachen, oder, noch schlimmer, wenn durch eine Krebsdiagnose die Zukunft unseres Lebens insgesamt in der Schwebe hängt. Auch auf gesellschaftlicher Ebene kann uns die Zukunft genommen werden. Unsere Wirtschaft kann zusammenbrechen, unsere Umwelt kann sich verändern, oder, was am schlimmsten ist, eine Naturkatastrophe oder ein Krieg können alle Arten von Zukünften auslöschen, die wir uns als Gesellschaft vorgestellt haben. Ein Krieg ist auch deshalb so traumatisierend, weil er zu einem Zukunftsmassensterben führt.

Zukunftsupdate

Unabhängig davon, ob sich die Zukunft aufgrund innerer oder äußerer Anpassungen verändern muss, ist der damit verbundene Prozess oft konfus und bisweilen unangenehm, aber trotzdem sind wir Menschen außerordentlich gut darin, das zu bewältigen. Das liegt auch daran, dass wir uns ständig Veränderungen anpassen müssen und neue Zukünfte erschaffen, eben weil das Leben ständig unangenehme Überraschungen parat hat: 61 Prozent der Männer und 51 Prozent der Frauen erleben mindestens ein traumatisches Ereignis in ihrem Leben (wie eine Katastrophe, einen Unfall oder einen Überfall).

Wie gut wir darin sind, uns von Zukünften zu verabschieden und neue zu entwickeln, sieht man auch daran, wie selten das posttraumatische Stresssyndrom eigentlich vorkommt (nur acht Prozent der Zeugen und Opfer von traumatischen Erlebnissen entwickeln eine PTBS) und dass sich rund die Hälfte der Betroffenen innerhalb einer sechsmonatigen Therapie erholt.[245] Sogar mehr als die Hälfte aller querschnittsgelähmten Menschen sagen, sie seien insgesamt glücklich.[246] Insgesamt ist der Mensch resilient, erst recht mit der richtigen Unterstützung, und fast alle, die eine schwierige Erfahrung gemacht haben, erleben, was man posttraumatisches Wachstum nennt, was bedeutet, dass man danach stärker und glücklicher ist. Krebspatienten etwa weisen nach ihrer Heilung eine höhere Lebenszufriedenheit auf als Personen aus einer Vergleichsgruppe, die keinen Krebs hatten.[247] Aber Spaß macht dieser Prozess nicht.

So kann man eine alte Zukunft noch schneller loslassen

Der erste Schritt ist immer, sich einzugestehen, dass die alte Zukunft nicht mehr gültig ist und dass uns das nicht gefällt. Widerstand gegen Veränderung ist die erste Reaktion und normal: Man hofft, dass der oder die Ex es sich anders überlegt, dass die Affäre sich von allein erledigt, ein neues Medikament gegen unsere Krankheit entdeckt wird oder dass der Klimawandel vielleicht nur eine Verschwörungstheorie ist. Aber je länger man sich wehrt, desto länger dauert der Prozess, und man bleibt im Geburtskanal einer neuen Zukunft stecken.

Der zweite Schritt ist, sich von der alten Zukunft zu verabschieden. Wenn man noch daran hängt und wenn es nicht unsere Entscheidung war, dass es sie nicht mehr gibt, kann es helfen, sie loszulassen, auch unter Schmerzen. Wir nehmen Abschied von dem Rebellen, der wir nicht mehr sein werden, von einer Zukunft, in der wir in Paris leben, von einem Leben, das wir uns in einem bestimmten Haus erträumt hatten. Dabei ist es egal, wie man trauert: mit Stift und Papier, mit Musik, im Gespräch mit Freunden oder einem Therapeuten, Hauptsache, es gibt einen Moment, wo man sich eingesteht, dass es diese Zukunft einfach nicht mehr geben wird.

Im dritten Schritt gilt es, eine neue Zukunft zu erschaffen, und manchmal dauert das länger, als einem lieb ist. (Daran merkt man übrigens auch, wie wichtig es für unser Wohlbefinden ist, überhaupt eine Zukunft zu haben.) Für viele von uns setzt dieser Prozess automatisch ein, sobald genug Ideen gesammelt wurden, wie eine neue Zukunft aussehen könnte. Wem das zu langsam geht, der kann mit Lifecoaching, Tagebuchschreiben und *vision boards* vorgehen – oder mit strategischer Vorausschau, wenn es um Staaten oder Unternehmen geht.

2. DIE UNSICHTBARE ZUKUNFT

Noch schlimmer, als eine schlimme Zukunft zu erwarten, ist es, wenn man gar keine Zukunft sieht oder hat. Denn wenn wir uns noch nicht einmal eine schlechte Zukunft vorstellen können, bedeutet das, dass ein Teil unseres Menschseins kaputt ist – zumindest vorübergehend. Keine Zukunft sehen heißt, wir hören auf zu wachsen, zu streben, uns weiterzuentwickeln, zu entscheiden und zu handeln. Wir bleiben in der Gegenwart stehen – aber nicht auf die gute, buddhistische, achtsame Art. Sondern auf eine traurige, gelähmte Art.

Die Zukunftsfähigkeit kann aus allerlei Gründen verloren gehen, aber man kann sie fast immer zurückgewinnen. Ausnahmen sind Patienten mit Gehirnschaden, die das Erinnerungsvermögen verloren haben und damit auch keine Zukunft mehr generieren können.

Auf persönlicher Ebene verliert man die Zukunftsfähigkeit in Form einer psychischen Krankheit. Die Depression wird oft allen voran für eine tiefe Traurigkeit gehalten, aber ihr Hauptmerkmal ist eigentlich die Unfähigkeit, sich überhaupt noch eine Zukunft vorzustellen. Depressionen sind im Grunde nichts anderes als die Überzeugung, dass man nichts bewirken kann, keinen Einfluss hat, dass Ziele unerreichbar sind. Die Traurigkeit ist dann die Konsequenz der Zukunftslosigkeit, denn wie wir gelernt haben, macht Zukunftsfähigkeit glücklich.[248]

Depression oder Zukunftsunfähigkeit ist keine persönliche Eigenschaft, die manche Menschen haben und andere nicht, sondern eine oft nur temporäre Störung einer menschlichen Fähigkeit, die jedem widerfahren kann. Jede dritte Frau und jeder fünfte Mann wird sie mindestens einmal im Leben erleben, ältere Menschen haben es tendenziell häufiger als jüngere, aber auch das ist von Land zu Land unterschiedlich. In den Vereinigten Staaten ist es zum Beispiel andersrum, hier gaben 17 Prozent der 17- bis 29-Jährigen an, im zurückliegenden Jahr an einer schweren Depression gelitten zu haben, gegenüber nur 5,4 Prozent der über 50-Jährigen.[249] Wie lange eine Depression anhält, hängt von mehreren Faktoren ab, aber im Durchschnitt sind es etwa sechs Monate.[250] Die Depression ist ein weltweites Phänomen, und je ärmer man ist, desto eher hat man sie. Ein wesentlicher Unterschied liegt darin, dass westliche Länder mehr Ressourcen haben, um Depressionen zu behandeln, Statistiken zu erheben und darüber zu sprechen, aber überall sonst sind die Depressionsraten tendenziell gleich, nämlich rund fünf Prozent der Weltbevölkerung. Wenn sie nicht behandelt werden, können sie zu Selbstmord führen. Für 700 000 Menschen pro Jahr wird das Leben durch Depressionen, durch das Fehlen einer Zukunft, so sinnlos, dass sie sich das Leben nehmen.[251]

Oft wird Depression als Begleiterscheinung der Moderne, als Zivilisationskrankheit gesehen, als hätte der Mensch etwas Essenzielles verloren, als er in die Städte zog und ins Büro ging. Aber das ist spekulativ und wahrscheinlich falsch. Denn erstens haben wir Indizien – wenngleich keine Statistiken –, dass auch die alten Griechen das Phänomen kannten (sie verschrieben heiße Bäder dagegen), und zweitens steigen die Zahlen von Depressionserkrankung zwar, aber nur im Absoluten, nicht im Relativen. Sprich: es gibt mehr Menschen, die eine depressive Episode durchmachen, weil es auch mehr Menschen auf der Welt gibt. Eine Studie zeigt, dass im Durchschnitt der Prozentsatz der Menschen mit Depressionen seit den 1950er Jahren gleich geblieben ist.[252] Damit stimmt es also auch nicht, dass wir in einer Depressionspandemie stecken.

Wie es sich anfühlt, keine Zukunft zu sehen, haben wir alle während der Corona-Pandemie erlebt. Während der Lockdowns war die nähere Zukunft suspendiert, vor allem in den ersten Monaten, als noch nicht mal klar war, wie lange dies andauern würde. Ein Tag glich dem anderen, wir hatten kurze Zeithorizonte von meist nur wenigen Wochen bis zur Ankündigung der nächsten Beschlüsse, und wir hatten eine unklare existenzielle Bedrohung durch das Virus. Infolgedessen stiegen die Depressionsraten um 25 Prozent.[253] Die Perspektivlosigkeit, die die Pandemie im großen Stil mit sich brachte, ähnelt durchaus dem, was Menschen empfinden, die in einer Situation ohne Zukunft feststecken.

In Schweden entwickelten Kinder von Asylbewerbern, die monatelang, manchmal jahrelang auf einen offiziellen Bescheid warten mussten, das sogenannte Resignationssyndrom: Sie hörten auf zu essen, zu trinken, zu sprechen und zu gehen. Keine Zukunft zu haben, bedeutete praktisch, kein Leben zu haben.[254] Dies ist auch der Grund für die hohe Depressionsrate unter Gefängnisinsassen: Die fehlende Freiheit, die fehlende Handlungsfähigkeit und die ständig gleichen Tage führen dazu, dass es die Zukunft nicht mehr gibt, zumindest die, die bis zur Entlassung reicht. In amerikanischen Gefängnissen leidet fast ein Drittel der Insassen an Depressionen, also doppelt oder sogar dreimal so viele Menschen wie in der Durchschnittsbevölkerung.[255] In Europa gibt es keine Statistiken zu Depressionen in Haft (geschweige denn Behandlungsstandards), nur zu Selbstmorden, und gerade in Deutschland, Österreich und Frankreich liegen die Zahlen viel höher als in anderen Ländern.[256] Der Extremfall hier ist das, was man das Todestraktsyndrom nennt. Häftlinge, die in den Vereinigten Staaten zum Tode verurteilt sind, aber noch keinen Hinrichtungstermin haben, verbringen oft Jahre, ja Jahrzehnte in einem Schwebezustand ohne Zukunft. Viele begehen Suizid, denn so entkommen sie nicht nur der Zukunftslosigkeit, sondern gewinnen auch ihre Handlungsfähigkeit zurück.[257]

Was bedeutet das also? Vielleicht ist der vorübergehende Verlust der Fähigkeit, sich seine Zukunft vorzustellen, genauso menschlich wie die Tatsache, dass man sie überhaupt hat. Dies ist deshalb wichtig, weil Depressionen immer noch mit einem Stigma behaftet sind, so als ob sie nicht normal oder gar das Ergebnis einer schwachen Persönlichkeit wären (wie 30,7 Prozent der Amerikaner in einer Umfrage angaben[258]). Dies erklärt auch, warum die überwiegende Mehrheit der Patienten eine Depression unbehandelt durchläuft, sie schämen sich und suchen deshalb gar keine Hilfe, wie etwa die Hälfte der Menschen in den westlichen Ländern und sogar drei Viertel in den übrigen Ländern der Welt.[259] Das sind absurde Zahlen für eine Krankheit, die behandelbar ist, je früher, desto besser, bevor sie chronisch wird.

Man kann Depressionen auf unterschiedlichste Art behandeln, es gibt nicht einen Königsweg für alle. Das rührt daher, dass wir Depression wissenschaftlich noch nicht ganz erschlossen haben, aber es werden ständig Fortschritte gemacht.[260] Vielen helfen Medikamente, aber es kann sich auch schon positiv auswirken, lediglich seinen Lebensstil zu ändern. Auch Therapien haben sich als wirksam erwiesen. Seit dem 19. Jahrhundert, als sie eingeführt wurden, haben sie sich stark verändert. Früher (und vielerorts immer noch) lag der Fokus auf der Beschäftigung mit der Vergangenheit als Ursache allen Übels, aber neue Ansätze wie die zukunftsorientierte Therapie gehen auf die Tatsache ein, dass Depressionen mit Zukunftsunfähigkeit verbunden sind. Anstatt über die Scheidung der Eltern zu sprechen, werden hier Geschichten darüber entwickelt, wie man einmal sein möchte, wer man einmal sein wird, über positive Ziele – eben um die Zukunftsmaschine im Kopf wieder in Gang und die Glückshormone wieder zum Fließen zu bringen.[261] Das Wichtigste ist aber nicht die Therapieform, sondern dass überhaupt etwas gegen die Depression unternommen wird.

Nicht nur Einzelpersonen verlieren ihre Zukunftsfähigkeit, sondern auch Gesellschaften und Gruppen. Nur nennen wir es dann nicht Depression, sondern finden Bezeichnungen wie: Zeitalter der Ungewissheit, Polykrise oder Permakrise (das britische Wort des Jahres 2022). Egal wie wir es nennen, das Symptom ist dasselbe: Wir schaffen es nicht mehr, eine Zukunft zu erzeugen, und das fühlt sich deshalb nicht gut an, weil es uns lähmt.

Es gibt im Großen und Ganzen zwei Bedingungen, die diese Zukunftsblockade befördern: Einerseits sind dies Krisen, die unsere sofortige Aufmerksamkeit erfordern. Eben weil wir nicht in zwei Zeiten gleichzeitig sein können, verlassen wir die Zukunft, um im Hier und Jetzt ein Problem zu lösen. Und wenn zu viele Dinge nacheinander im Hier und Jetzt passieren, ist es fast so, als bekämen wir Heimweh nach der Zukunft, weil wir gezwungen sind, in der Gegenwart zu verharren. Das bedeutet auch, dass wir nichts gegen *zukünftige* Krisen unternehmen: nicht, weil es uns egal wäre, sondern weil es unsere Kapazität überschreiten würde. (Etwas absurderweise erzeugt ein zu langes Verharren in Krisen daher noch mehr Krisen.)

Die zweite Bedingung, unter der Gesellschaften die Zukunft nicht mehr richtig sehen können, ist, wenn es zu viele mögliche Zukünfte gibt. Das passiert dann, wenn weder durch die Frequenz noch durch ein Verständnis vom Zusammenhang von Ursache und Wirkung Wahrscheinlichkeiten für die möglichen Zukünfte einzuschätzen sind: Plötzlich scheint alles zu gehen, und das ist zu viel. Das passiert besonders dann, wenn es um die Zukunft von komplexen Systemen geht. Diese sind nichts anderes als Systeme, die man (noch) nicht verstanden hat, weil nicht klar ist, wer was mit welchen Auswirkungen tut. Beispiele komplexer Systeme sind Ameisenhaufen, Städte, aber auch ganze Gesellschaften und das menschliche Gehirn. Aktuell wird auch das internationale Staatensystem als komplex wahrgenommen, weil viele Akteure mit vielen anderen in vielen verschiedenen Arten von Beziehungen und Verbindungen stehen und daher nicht klar ist, wer was wie und warum wann macht – und wie man darauf reagieren sollte. Genau in solchen Momenten wird dann gern behauptet, die Zukunft sei nicht vorhersehbar, aber eigentlich ist gemeint, dass sie nicht sichtbar ist oder schwer zu erschließen, weil es zu viele gleich wahrscheinliche Zukünfte gibt.

Auch wenn gern und dramatisch behauptet wird, dass diese Komplexität ein absolut neues Phänomen ist, stimmt das nicht ganz. Eigentlich ist es so, dass die Menschheit als Ganzes regelmäßig neue Komplexitätsstufen erklimmt. Anfangs führt dies oft zu einem Ohnmachtsgefühl.

Gerade so, wie viele Menschen irgendwann in ihrem Leben unter einer Depression leiden, ist es auch recht normal, dass eine Gesellschaft oder ein Unternehmen ihre Zukunftsfähigkeit vorübergehend verlieren. Das letzte Mal hat der Westen dieses Phänomen in den 1970er Jahren erlebt. Eine ganze Serie von schlimmen politischen Krisen haben sich damals überlagert: 1972 die Ermordung israelischer Athleten bei den Olympischen Spielen in München, der Jom-Kippur-Krieg von 1973, die Ölpreisschocks von 1973 und 1978, 1974 der Rücktritt von Präsident Nixon (der erste und einzige eines amerikanischen Präsidenten überhaupt), der Sturz des Schahs 1979, die iranische Geiselkrise 1979–1981 und eine Inflationsrate von 14 Prozent in den Vereinigten Staaten, um nur einige zu nennen. Dies war auch die Zeit, als

Bücher mit Titeln wie *Age of Uncertainty* (1977) und *Future Shock* (1970) auf den Markt kamen und Bestseller wurden. Davor gab es die globale Krise der 1930er Jahre. Und davor gab es andere Krisen. Das Narrativ von der Beispiellosigkeit unserer Situation ist historisch falsch, aber es vermittelt uns ein Gefühl von geschichtlicher Einzigartigkeit, weil unsere Krise angeblich so schlimm ist wie nichts zuvor. Im Endeffekt lähmt gerade dieses Denken unsere Zukunftsfähigkeit nur noch mehr. Jedes Mal, wenn ein System komplexer und schwieriger zu verstehen wird, muss die Menschheit lernen, sich anzupassen und zurück in den Möglichkeitsraum zu gehen, um Optionen auszuloten. Das ist der einzige Weg. Nur so haben Generationen vor uns ihre vorübergehende Zukunftslosigkeit gemeistert.

Deshalb ist es auch kein Zufall, dass Regierungen und Unternehmen die Methoden der strategischen Vorausschau immer dann wiederentdecken, wenn sie sich zukunftslos fühlen. Das war in den 1970er Jahren so und auch in den 1990ern, und auch jetzt gibt es einen Trend in diese Richtung. In der Praxis bedeutet das, dass Regierungen nach Instrumenten suchen, um langfristig zu denken, zum Beispiel durch die Entwicklung antizipativer Strukturen, die nur dafür verantwortlich sind. Dabei sollen mehrere Zukünfte skizziert werden, um zu sehen, welche von ihnen möglich, wünschenswert oder vermeidbar sind. Das dient zur Entscheidungsfindung. (Ein bisschen so wie eine zukunftsorientierte Therapie, aber für Staaten.)

Man sollte meinen, dass Regierungen das immer tun, aber die Wirklichkeit sieht leider anders aus.[262] Die meisten Regierungen gehen von nur einer Zukunft aus und planen für sie. Das ist einer der Gründe, warum sie immer wieder überrascht sind, wenn sich die Dinge anders entwickeln. Die Staaten, in denen zukunftsorientiertes Regieren bis zu einem gewissen Grad entwickelt ist, sind Finnland, Frankreich, Portugal, Spanien, das Vereinigte Königreich und die Vereinigten Staaten. In Deutschland steckt das noch in den Kinderschuhen. Natürlich gibt es überall in der Regierung – im Auswärtigen Amt, im Kanzleramt, im Verteidigungsministerium – entsprechende Abteilungen, aber (noch) keinen Reflex, erst langfristig zu denken und dann zu handeln.[263]

Natürlich gehört es nicht nur zu den Aufgaben von Regierungen, eine Gesellschaft aus ihrer No-Future-Haltung herauszuholen, sondern da müssen die Gesellschaften schon selbst intensiv mithelfen. Wenn wir in Nichtregierungsorganisationen, Schulen, Universitäten, Unternehmen, als Künstler, Schriftsteller und Bürger zusammenkommen und über die verschiedenen Zukünfte sprechen und darüber, wie wir sie erreichen können, hilft das auch uns allen, die Zukunftsmaschine neu zu starten. Ungewissheit darf nicht in erster Linie als Verlust begriffen werden, sondern als Möglichkeitsraum, den wir gestalten und nutzen können. Sobald wir verstehen, dass wir Wahlmöglichkeiten haben, lüften wir den Schleier über der Zukunft und können sie wieder sehen.

3. DIE SCHLECHTE ZUKUNFT

Eine schlechte Zukunft ist einfach zu erkennen: Es ist eine, die unangenehme Emotionen auslöst, wie Angst und Wut. Und manchmal zerstört genau das dann das gesamte Konzept Zukunft. Zu viel Angst bringt uns nicht zum Handeln, sondern lässt uns erstarren, wir tun nichts. Im Kleinen nennen wir das Prokrastination oder Aufschieberitis, sprich das Aufschieben von Handlungen oder Entscheidungen. Manchmal provozieren wir die schlechte Zukunft dann sogar unabsichtlich, eben weil wir sie vermeiden möchten, führen wir sie herbei, ein Phänomen, das bekannt ist als sich selbst erfüllende Prophezeiung.[264] Ein klassisches Beispiel dafür ist die krankhafte Eifersucht, wenn die Angst, den Partner zu verlieren, ihn oder sie eben gerade davontreibt. Auch in der Medizin gibt es das Phänomen, den Nocebo-Effekt: Patienten, die mit Schmerzen rechnen oder erwarten, dass ein Medikament nicht wirkt, haben dann mehr Schmerzen und weniger Wirkung.[265] Zu viel negative Zukunft ist also schädlich für uns im Jetzt.

Natürlich ist nicht jede negative Zukunft gleich dramatisch. Keine Lust auf das Mittagessen bei den neugierigen Schwiegereltern zu haben, wird sich höchstwahrscheinlich nicht negativ auf die Lebensqualität auswirken, und zwar aus dem einfachen Grund, dass a) es sich um eine Zukunft mit einer kurzen Lebensdauer handelt und b) die Wahrscheinlichkeit groß ist, dass es schöner wird, als man dachte, und c) man die Wahl hat, doch nicht hinzugehen (vielleicht zum Preis eines Beziehungskrachs). Wie schlecht sich eine Zukunft anfühlt, hängt von drei Faktoren ab: ihrer Lebensdauer (also wie lange es dauert, bis sie eintritt), wie negativ sie ist (ein bisschen oder überwältigend) und wie viel Einfluss wir auf sie haben (haben wir Entscheidungsfreiheit oder nicht?). Die schlechtesten Zukünfte sind also die, die eine sehr lange Lebensdauer haben, deren Auswirkungen auf uns überwältigend negativ sind und auf die wir wenig Einfluss haben.

Negativen Zukünften kann man aber begegnen, damit

sie einen weder lähmen noch wahr werden. Weil negative Zukünfte starke Gefühle auslösen, besteht der erste Schritt, sie zu managen, darin, die Gefühle in den Griff zu bekommen. Das mag nach Selbsthilfe klingen, hat aber tatsächlich einen neurologischen Effekt. Denn wenn das Gehirn zu große Angst empfindet, übernimmt die Amygdala das Kommando, also der Bereich des Gehirns, der für den Flucht- oder Angriffsreflex zuständig ist. Das mag aus evolutionärer Sicht grundsätzlich eine nützliche Funktion gewesen sein, ist es aber dann nicht, wenn keine akute Lebensgefahr besteht, sondern es darum geht, über die Zukunft nachzudenken – man kann weder vor ihr fliehen noch sie angreifen. Das Problem ist, dass die Angst den Zugang zu all den Bereichen des Gehirns blockiert, die uns in der Entscheidungsfindung unterstützen können: die Bereiche, die für das Denken, die Logik und die Kreativität zuständig sind. Wie können wir unser Gehirn in einen Normalzustand bringen, um wieder denk- und handlungsfähig zu werden? Nützlich ist alles, was ihm ein Gefühl der Sicherheit gibt: eine Umarmung, Spaziergänge im Wald, das Streicheln eines Tieres, Sport, kognitive Verhaltenstherapie oder ein Bad. Sogar Geschichten helfen, den Geist neurologisch und hormonell wieder ins Gleichgewicht zu bringen. Laut Studien wirken Superheldenfilme besonders gut.[266] Es ist wirklich egal, wofür man sich entscheidet, Hauptsache, der Alarm im Kopf wird ausgeschaltet, sonst kann man nicht richtig über die Zukunft nachdenken.

Wenn das Gehirn endlich zurück in einen Arbeitsmodus gefunden hat, kann der Geist sich wieder an die Arbeit machen und verschiedene Optionen für die Zukunft entwickeln. Sobald mehrere Möglichkeiten auf dem Tisch liegen, werden auch wieder ein Gefühl der Kontrolle und ein Minimum an Gewissheit hergestellt, und es kann wieder gehandelt werden.

Am einfachsten ist das mit Stift und Papier (Studien zeigen, dass der Mensch so tatsächlich besser denkt).[267] Das Arbeitsblatt kann helfen, die Gedanken zu strukturieren. Zuerst schreibt man alles auf, was man über die Zukunft sicher zu wissen glaubt, anschließend notiert man, welche Gefühle dieser Gedanke erzeugt. Drittens untersucht man, worauf diese Zukunft gestützt ist, was die Quellen und wie präzise sie sind. Viertens sucht man nach Quellen, die ein genaueres Bild vermitteln, aber hier ist Vorsicht geboten: Es geht nicht darum, sich noch mehr Angst einzujagen, sondern der Zukunft mehr Daten hinzuzufügen, sie bildhafter und genauer zu machen. Auf diese Weise bekommt das informationssüchtige Gehirn automatisch ein Gefühl der Sicherheit, weil es glaubt, die Zukunft besser zu verstehen. Fünftens beschäftigt man sich mit den Annahmen, die man über diese Informationen hat, fragt sich etwa, wie glaubwürdig sie sind. Auf diese Weise erkennt man, dass Denken immer auf Annahmen beruht, die wahr sein können oder auch nicht. Im nächsten Schritt, sechstens, macht man sich klar, unter welchen Umständen man diese Annahmen revidieren würde. Anschließend, siebtens, recherchiert man, welche positiven Alternativen es zur negativen Zukunft gibt. Im Schritt acht wird notiert, was alles unbekannt ist: Wo sind die Lücken, was weiß man noch nicht? Alles zusammengenommen ist dies der Möglichkeitsraum, und allein ihn so zu sehen, sollte helfen. Im letzten Schritt wird der erste Gedanke wieder hervorgeholt und umformuliert: Diese Zukunft wird nicht passieren, wenn …

Zehn Schritte zum richtigen Umgang mit einer negativen Zukunft

1. Schreiben Sie auf, was Sie über die betreffende Zukunft denken. (z. B. »Sie wird schlimm …«)
2. Schreiben Sie auf, wie Sie sich bei diesem Gedanken fühlen. Legen Sie diese Liste beiseite. (z. B. »Ich fürchte mich …«)
3. Überprüfen Sie die Quellen für das, was Sie in 1. geschrieben haben: Sind es Artikel, Bücher, Filme, Hörensagen? (z. B. »meine Mutter, die *Bild*-Zeitung, Nachbarn«)
4. Recherche: Finden Sie so viele Details wie möglich, aber machen Sie es für *Sie* so konkret wie möglich.
5. Schreiben Sie alle Annahmen auf, die Sie zu den gesammelten Informationen haben. (z. B. »Sie sind zu 100 Prozent richtig«)
6. Ermitteln Sie, unter welchen Bedingungen sich Ihre Annahmen als unwahr erweisen. (z. B. »Wenn neue Erkenntnisse gewonnen werden …«)
7. Recherche: Finden Sie so viele Details wie möglich darüber heraus, was andere als Alternative zu Ihrer negativen Zukunft vorschlagen.
8. Schreiben Sie alles auf, was wir oder Sie (noch) nicht über die betreffende Zukunft wissen.
9. Überprüfen Sie, was Sie über diese Zukunft denken. Formulieren Sie um: »Diese Zukunft wird nicht eintreten, wenn …«
10. Handlungsspielraum finden: Was können Sie auf persönlicher Ebene tun, um eine andere Zukunft zu schaffen?

Wenden wir diese Methode mal auf weit verbreitete Ängste an. Vielleicht die bekannteste negative Zukunft aktuell ist der Klimawandel, der mustergültig alle Kriterien einer negativen Zukunft erfüllt: Seine Auswirkungen werden überwiegend negativ sein, als Einzelpersonen oder einzelne Staaten haben wir wenig Einfluss darauf, und der gesamte Planet ist betroffen. Diese Zukunft hat auch eine lange Lebensdauer: bis weit über das Jahr 2100.

Für viele ist die Angst diffus, aber es hilft, sie sich konkreter zu machen. So denken viele von uns, dass der Klimawandel zum Aussterben der Menschheit führen wird. 37 Prozent der Deutschen, 45 Prozent der Franzosen, 33 Prozent der Briten, 21 Prozent der Dänen, 41 Prozent der Italiener und 38 Prozent der Amerikaner halten das Aussterben der Menschheit als Folge des Klimawandels für ziemlich oder sehr wahrscheinlich.[268]

Kommen wir zum zweiten Schritt, den Gefühlen: Untergangsgedanken führen zu katastrophalen Gefühlen. Weltweit sorgen sich 59 Prozent der jungen Menschen sehr oder extrem, und 84 Prozent sind zumindest mäßig besorgt. Mehr als 50 Prozent gaben an, sich traurig, ängstlich, wütend, machtlos, hilflos und schuldig zu fühlen.[269] Kommen wir nun zu Schritt drei: Prüfen wir, was die Quellen zu diesen Annahmen aussagen. Gibt es tatsächlich Beweise dafür, dass es einen globalen Krieg geben wird oder dass die Menschheit aussterben wird? In der Tat gibt es Wissenschaftler, die weitere Untersuchungen zu diesen Möglichkeiten fordern, aber es gibt keinen *Beweis* dafür, dass die Menschheit als Ganzes infolge des Klimawandels aussterben wird.[270]

Es gibt auch keinen Beweis dafür, dass es einen Krieg geben wird: Die Wissenschaft weiß immer noch nicht, wann

Kriege tatsächlich beginnen. Beides sind zwei von vielen Möglichkeiten. Prüfen wir nun die Annahmen. Sind unsere Sorgen auf Annahmen begründet oder auf einem Gefühl? Unter welchen Bedingungen würde man seine Annahmen ändern, dass der Klimawandel zu einem Ende der Menschheit führt? Was müsste passieren? Neue wissenschaftliche Erkenntnisse könnten eine mögliche Antwort sein.

Jetzt recherchiert man Lösungsvorschläge anderer, um das Aussterben der Menschheit zu verhindern, je konkreter, desto besser. Dann schreiben wir auf, was wir noch nicht sicher wissen, zum Beispiel, wie der Klimawandel sich genau entwickeln wird, gibt es die befürchteten Kipppunkte oder nicht? Wird der Mensch neue Wege finden, um den CO_2-Ausstoß zu verringern? Zuletzt schaut man sich den ursprünglichen Gedanken an (»Die Menschheit wird wegen des Klimawandels aussterben«) und formuliert ihn neu: »Die Menschheit wird nicht aufgrund des Klimawandels sterben, wenn …« Bedeutet dies, dass wir uns zurücklehnen und entspannen können? Nein, aber es zeigt, dass wir einen Einfluss darauf haben, und das ist es, was wir brauchen, um das Problem anzugehen. Die Angst sollte nun schon geringer sein.

Man kann diesen Ansatz auch auf andere negative Zukunftserwartungen anwenden. Zum Beispiel hat rund die Hälfte der Menschen Angst vor dem Alter.[271] Was ist der negative Gedanke hier? Er könnte lauten: »Ich werde allein sein, wenn ich alt bin.« Das folgende Gefühl könnte Angst oder Traurigkeit sein. Dann schaut man sich an, woher dieser Gedanke eigentlich kommt. Kennt man selbst ältere Menschen, die sich einsam fühlen? Kennt man auch welche, bei denen das nicht so ist? Dann kann man recherchieren, was es zum Thema Alter und Einsamkeit so gibt. Bei der Gelegenheit könnte man entdecken, dass die meisten Menschen mit zunehmendem Alter glücklicher werden und nicht andersherum. Was sind die Annahmen, die der Einsamkeitsidee zugrunde liegen? Eine könnte zum Beispiel sein, dass man glaubt, nur Schönheit und Fitness machten glücklich. Dann fragen wir uns, unter welchen Umständen wir unsere Meinung ändern würden.

Und nun zur Alternativzukunft: Man könnte zum Beispiel die ganze Bewegung entdecken, die sich dem gesunden und glücklichen Altern verschrieben hat und dies erforscht. Am Ende sehen wir, was man alles noch nicht über das Alter weiß: etwa welche Fortschritte in Wissenschaft und Technik das Alter in der Zukunft ganz anders gestalten könnten. Und zu guter Letzt kann man den Gedanken neu formulieren: »Ich werde nicht allein sein, wenn ich alt bin, wenn …«, und daraus können sich Handlungsanweisungen ableiten wie Sport machen oder Freundschaften – auch zu jüngeren Menschen – pflegen.

Eine andere Zukunft, vor der sich viele fürchten (nachdem sie sie eine Zeit lang vergessen hatten), ist die eines nuklearen Holocausts. Im Gegensatz zum Atomkrieg ist hier die Idee, dass ein Atomkrieg die Menschheit auslöscht. Dieser Gedanke löst natürlich Angst und Schrecken aus. Aber woher kommt er? Bei der Recherche wird man feststellen, dass man ziemlich wenig über Atomwaffen weiß und dass die Idee der Auslöschung der Menschheit durch Atomwaffen umstritten ist[272] – was nicht heißt, dass sie nicht viele Menschen töten würden, aber nicht alle. Das sieht man auch daran, dass zwar sehr viele Menschen bei den Bomben auf Hiroshima und Nagasaki gestorben sind (Schätzungen liegen zwischen 130 000 und 225 000), aber drei- bis sechsmal so viele, 650 000, haben sie auch überlebt. Man könnte auch entdecken, dass vor 40 Jahren weltweit 64 000 Atomsprengköpfe existierten, heute sind es nur noch 9500. Auch kann man sich darauf besinnen, dass Atomwaffen nach 1945 nie mehr eingesetzt wurden.

Unter welchen Umständen würden wir aufhören zu glauben, dass die Menschheit tatsächlich durch einen Atomkrieg ausgelöscht werden könnte? Mit der Frage gehen wir an die ganze Literatur, die erklärt, warum nicht nur ein nuklearer Holocaust unwahrscheinlich, sondern auch grundsätzlich der Einsatz einer Atomwaffe eher schwierig ist. Und am Ende wird umformuliert: »Es wird keinen Atomkrieg geben, wenn …« Und dann gibt es noch die stoische Haltung dazu: Einzelpersonen können gegen diese Art von Zukunft recht wenig tun, außer sich klarzumachen, dass sie unwahrscheinlich ist.

Da bleibt einem am Ende das letzte Mittel gegen eine negative Zukunft, die Akzeptanz oder was der Auschwitz-Überlebende Viktor Frankl den tragischen Optimismus nannte. Das heißt nichts anderes, als auch in der Krise die Hoffnung zu bewahren und einen Sinn zu finden. »Der Mensch existiert nicht einfach, sondern entscheidet immer, was seine Existenz sein wird, was er im nächsten Moment sein wird. Umgekehrt hat jeder Mensch die Freiheit, sich in jedem Augenblick zu verändern.«[273] Wenn man eine negative Zukunft nicht ändern kann, muss man sie akzeptieren. In solchen Momenten ist die Gegenwart unser bester Zufluchtsort: Die Zukunft ist (noch) nicht hier. Sondern das Jetzt. Konzentrieren wir uns darauf.

4. DIE UNINSPIRIERTE ZUKUNFT

Auch ohne Krisen, Depression oder Ängste kann die Zukunft eine Betriebsstörung haben, nämlich dann, wenn man nicht weiß, was man mit ihr überhaupt anfangen soll. Für jüngere Menschen ist das normal. Bis wir Teenager sind, haben wir keine echte Vorstellung von Zeit, geschweige denn von der Zukunft als einem Raum, den wir gestalten können. Auf die Frage »Was willst du werden, wenn du groß bist?« gibt es daher selten eine differenzierte und präzise Antwort. Aber ab dem jungen Erwachsenenalter verspüren wir den Druck, die Zukunft mit etwas zu füllen, das wir anstreben: Wir sollen uns für einen Beruf, einen Partner, einen Lebensweg entscheiden. Und dabei bleiben.

Für viele von uns ist das keine leichte Aufgabe. Erstens gibt es so viele Möglichkeiten: Während unsere Vorfahren eigentlich nur eine einzige Zukunft hatten – in einem Dorf, in einer sozialen Schicht, mit einer sexuellen Orientierung, immer demselben Partner und einem Beruf –, können wir (fast) frei wählen, wo wir leben wollen, was wir tun wollen, wen wir lieben wollen und wie, und wir können auch immer wieder neu wählen. Dank der Verstädterung, der sozialen Mobilität, der Migration und der Industrialisierung können wir als Urenkelin eines Schusters aus Slowenien heute als promovierte Frau in Rom leben. (Nur ein Beispiel.) Aber für keine dieser Möglichkeiten gibt es eine Anleitung, wir selbst sind für sie verantwortlich.

Gerade weil diese Wahlfreiheit beängstigend sein kann, entscheiden sich die meisten von uns für die konventionelle Zukunft, für die, die die Gesellschaft von uns erwartet. In der

Soziologie nennt man dies ein kulturelles Lebensskript: die gesellschaftlichen Erwartungen an die Reihenfolge und den zeitlichen Ablauf der Lebensereignisse in einer gewöhnlichen Zukunft.[274] Wir nehmen diese Erwartungen mehr oder weniger als Teenager auf, was vielleicht auch erklärt, warum wir vorher keine klare Vorstellung von jeglicher Art von Zukunft haben. In fast allen westlichen Ländern sind es etwa dieselben Meilensteine auf dem erwarteten Weg nach vorn: Ausbildung, Karriere, Eigentum, Heirat und Kinder werden regelmäßig als die häufigsten Lebensziele genannt. Auch bei den kleineren Lebenszielen gibt es große Übereinstimmung, von Fallschirmspringen bis zum Wunsch, mindestens Rom, London und Paris gesehen zu haben, sind wir meist recht unoriginell.[275]

Lebensskripte sind aber sehr praktisch, weil sie uns das Gefühl geben, dass wir mit unserer Zukunft auf dem richtigen Weg sind, vor allem dann, wenn wir noch keine eigene Ahnung davon haben, was wir mit ihr anfangen sollen. Solche Skripte sind aber auch nicht ganz unproblematisch. Denn einerseits sind sie nicht universell, sprich, von Land zu Land, von Stadt zu Land, von Gesellschaftsschicht zu Gesellschaftsschicht und natürlich von Geschlecht zu Geschlecht gibt es ganz verschiedene Lebensskripte, nur denken wir immer, das eigene gelte für alle.[276]

Das ist aber nicht das Einzige. Wie weit Einzelpersonen mit den Skripten ihrer Gesellschaft übereinstimmen, hängt vom Land ab. In Dänemark zum Beispiel deckt sich die persönliche Zukunft bei 70 Prozent der Menschen mit der, die die Skripte vorgeben, aber in den USA sind es nur 46 Prozent.[277] Es gibt keine Studien in der Hinsicht für Deutschland oder Österreich, aber andere Statistiken zeigen doch deutlich, dass es auch hier zum Teil erhebliche Abweichungen von der Norm gibt. Heiraten mag Teil des Skripts sein, nur 43 Prozent der Deutschen und 39 Prozent der Österreicher sind verheiratet. Kinder sind Teil des Skriptes, doch jeder Fünfte hat keine. Auch das Eigenheim ist eine klassische Zukunft, aber nur 51 Prozent der Deutschen und 55 Prozent der Österreicher schaffen es zu Wohneigentum. Anders gesagt: Was die Gesellschaft über persönliche Zukünfte vorgibt, ist nichts Naturgegebenes, sondern sozial konstruiert und daher ständig im Fluss.[278]

Und es gehen zwei Probleme damit einher, wenn wir etwa die Zukunft, die die Gesellschaft für uns vorsieht, unkritisch übernehmen, quasi die Zukunft auf Autopilot stellen. Wenn man schon wie wir im 21. Jahrhundert den Luxus hat, frei zu wählen, sollte man das auch tun: Es ist die Essenz des Menschseins. Außerdem sollten Skripte nicht zum Gesetz werden. Allem Individualismus zum Trotz wird Abweichen von der Norm nach wie vor als Scheitern formuliert, seien es Scheidungen, Kinderlosigkeit oder zur Miete zu wohnen. Man könnte dies aber durchaus auch als eine freie Wahl der persönlichen Zukunft lesen.

Nicht zuletzt sind solche Lebensskripte fast nie komplett, sie geben einem keine gesamte Zukunft vor. Ihre Ziele sind in die Lebensjahre zwischen 20 und 40 gepackt, aber für alles darüber (oder darunter) gibt es keine oder wenig gesellschaftlich vorgegebene Ziele, fast so, als hätte man nach gesellschaftlicher Auffassung keine Zukunft, die über Ausbildung-Karriere-Eigentum-Heirat-Kinder hinausgeht. Gerade diejenigen, die die Lebensskripte der Gesellschaft erfolgreich absolviert haben, fühlen sich danach oft verloren. Sie sind nun auf sich gestellt, sollen nun selbst für sich eine weitere Zukunft formulieren und tun sich damit schwer. Oft setzt ein Defätismus ein, der suggeriert, es sei ohnehin für alles zu spät, sei es, eine neue Sprache zu lernen oder mit einer neuen Sportart zu beginnen, und kognitiv gehe es auch nur noch bergab. Nichts davon stimmt.[279] Eine Langzeitstudie der Universität Harvard belegt tatsächlich, dass es nie zu spät ist, sich zu verändern und weiterzuentwickeln.[280] Und die Zukunftsfähigkeit schrumpft nicht, sondern wächst mit, das belegen weitere Studien.[281] Das Problem ist also nicht, dass es objektiv keine Zukunft mehr gibt, sondern dass wir subjektiv nicht wissen, was wir mit ihr anfangen sollen. Das kommt oft daher, dass wir uns kognitiv selbst im Weg stehen. Wir verfallen dem Status-quo-Bias, der menschlichen Vorliebe dafür, dass alles genauso bleibt, wie es jetzt ist.[282] Und wir sabotieren uns selbst, indem wir tausend Gründe finden, um nicht das zu tun, was wir eigentlich wollen würden, auch dazu gibt es ganze Bibliotheken an Studien.

Das letzte und vielleicht größte Problem dabei, seine eigene Zukunft auf Autopilot zu stellen, ist, dass es nicht unbedingt glücklich macht – nicht nur, weil man die Ziele vielleicht nicht wirklich wollte, sondern auch, weil etwas grundsätzlich hakt daran, die Zukunft über Ziele zu definieren. Denn auch wenn es befriedigt, Ziele zu erreichen, es sind nicht die äußeren, extrinsischen Lebensziele, die glücklich machen, sondern die inneren, intrinsischen.[283] Das zeigt auch die erwähnte Harvard-Studie: Nicht berufliche und wirtschaftliche Leistungen führten am Ende zu einem guten Leben, sondern die Qualität der Beziehungen, die Menschen zeit ihres Lebens hatten.[284] Und doch ist keine der gesellschaftlichen Zukunftsperspektiven in diesem Sinne formuliert. Wir werden in Richtung einer materialistischen Zukunft des Wollens und Habens gedrängt anstatt einer des Seins und des Fühlens. Dabei ist doch gerade der Sinn der Zukunftsfähigkeit, das Bestmögliche für einen selbst zu wählen – doch dafür muss man es auch tun.

Was bedeutet das nun für die Wahl unserer Zukünfte? Es bedeutet, nicht auf Autopilot zu gehen, sondern immer wieder bewusst eine sinnliche Zukunft voller Adjektive zu wählen. Anstatt Ziele zu formulieren, in denen wir *haben*, sollten wir Zukünfte nach Gefühl wählen, in denen wir uns *verbunden*, *erfüllt*, *wachsend*, *weise* und *geschätzt* fühlen. Anstatt Zielvorgabe »Ehe« könnte man die Zielvorgabe »geliebt« definieren, statt »Hausbesitz« könnte man die Zielvorgabe »erfüllt« festlegen.

Auch auf die Gefahr hin, dass es nach New Age klingt: Man muss achtsam und selbstbewusst mit der Zukunft umgehen. Für viele von uns ist das in der Hektik des 21. Jahrhunderts gar nicht einfach. Tagebuch schreiben, innehalten, meditieren, sich langweilen – all das sind Möglichkeiten, den Geist fließen zu lassen und Ideen für die eigene Zukunft zu entwickeln. Inspiration lauert überall, in den ungewöhnlichen Lebenszielen anderer, den Lebenswegen der Älteren, in der Natur, auf Reisen. Denn egal wie viele Ziele man abhakt, man kommt ohnehin nie an. Das Leben ist keine gerade Linie, sondern eine Schleife oder eine Spirale, in der wir ständig neue Zukünfte entdecken.

SCHLUSS

Garantie auf Zukunft

Eine kaputte Zukunft kann man nicht zurückgeben, und eine schöne Zukunft kann man nicht kaufen. In diesem Sinne gibt es also keine Garantie im klassischen Sinne, kein Anrecht auf die Zukunft als Produkt. Es gibt aber unbedingt ein Anrecht darauf, die Zukunft immer wieder selbst zu erfinden – sowohl für uns als einzelnen Menschen als auch für uns als gesamte Menschheit. Denn trotz aller Unkenrufe gibt es eigentlich nur eine Sache, die feststeht: für uns als Einzelne der Tod und für die Menschheit, dass die Sonne in fünf Milliarden Jahren erlischt. Alles andere muss erst noch geschrieben werden.

Dieser Akt des Erfindens ist der erste Schritt in Richtung Zukunft. Seien es Utopien oder Science-Fiction, der Anfang wird immer im virtuellen, imaginären Raum gemacht, der die Zukunft ultimativ ist. Historisch gesehen ist es also kein Zufall, dass zuerst die Idee einer besseren Zukunft geboren wurde und erst danach die Umsetzung begann. Ob Wohlstand oder gleiche Rechte für alle, die Entdeckung Amerikas, die Wettervorhersage, das Handy oder Reisen auf den Mond: Alles fing mit einer oft verlachten Idee an.[285] Und viele dieser Ideen waren sehr erfolgreich: Fast alles, was Jules Verne im 19. Jahrhundert schrieb (von U-Booten bis zu Fernsehen), ist mittlerweile existent, weswegen er für viele schon gar nicht mehr als Science-Fiction-Autor gilt.

Trotzdem werden Utopien oder andere Lösungsvorschläge für die Zukunft oft belächelt, als unseriös abgetan, als würden sie den Ernst der Lage verkennen. Gerade wenn die Gegenwart besonders unangenehm ist, wird es als unpassend empfunden, sich eine bessere Zukunft vorzustellen. Doch Utopien entstehen gerade nur unter solchen Umständen, eben weil sie positive Alternativen zur Gegenwart suchen, die Antwort auf die Frage »was wäre, wenn?« zu Ende denken. Die Zukunft ist kein statischer Fakt, sondern der Möglichkeitsraum, den man immer wieder daraus macht, sie ist die direkte Konsequenz aus der Idee, dass Menschsein am Ende immer und überall bedeutet, mehr zu sein als das Jetzt.[286]

Sich selbst sogar das Gedankenspiel mit der Zukunft zu verwehren, ist eigentlich unverantwortlich: sich selbst gegenüber zuerst, denn Menschen, die länger in die Zukunft denken, sind gesünder, leben länger und erreichen ihre Ziele im Allgemeinen.[287] Noch mehr aber ist es den kommenden Generationen gegenüber unverantwortlich. Denn wenn die Menschheit nicht in den kommenden Jahren ausstirbt, wie manche – ohne jegliche Basis übrigens – orakeln, kommen auf jeden von uns 10 000 Menschen in den nächsten Million Jahren. (Nicht alle gleichzeitig, versteht sich.)[288] Diese Idee der intergenerationellen Fairness leben wir schon seit Jahrhunderten, ohne die Träume und Ideen unserer Vorfahren wären wir heute nicht, wo wir sind, weder wirtschaftlich noch gesundheitlich oder rechtlich. Defätismus, Pessimismus oder, noch schlimmer, die feste Überzeugung, dass alles nur schlimmer kommen wird, wird dabei nicht helfen. (Die meisten Menschen auf der Welt glauben tatsächlich, dass alles besser wird.) Klimawandel und technologische Veränderungen mögen Angst vor der Zukunft auslösen, aber auch unsere Vorfahren hatten Ängste vor Kindersterblichkeit, HIV, Hungersnöten, Rinderwahnsinn oder dem Ozonloch. Nicht Ängste oder Dystopien haben diese in die Vergangenheit verbannt, sondern aktives Handeln und positive Visionen.

Was also nötig ist, sind Utopien oder, für wen dieses Wort zu pathetisch ist, neue Ideen. Und diese gibt es, zuhauf und überall, man muss nur danach suchen. Es gibt Vorschläge, die Arbeitswoche zu verkürzen, um produktiver zu werden und den CO_2-Ausstoß zu verringern (eine Idee, die übrigens schon von Präsident Nixon vorgeschlagen wurde)[289], es gibt Gesetzesvorschläge, um die negativen Effekte des Klimawandels fairer zu verteilen oder Regierungen zum Langzeitdenken zu zwingen.[290] Überall wird fieberhaft an futuristischsten Technologien aller Art gearbeitet, seien es Superkonduktoren, die unsere Stromnetze revolutionieren könnten, oder Fusionsreaktoren. Es wird an neuesten Medikamenten gegen Krebs und Alzheimer geforscht, es werden Apparate konstruiert, mit denen Behinderte leichter am Alltag teilnehmen können, es werden Wege entwickelt, damit die Landwirtschaft mit weniger Wasser auskommt, neue Techniken helfen, Plastik aus dem Ozean zu fischen und sehr viele Materialien leichter zu recyclen.[291] Künstliche Intelligenz kann uns die Jobs abnehmen, die wir selbst sowieso nicht wollen. Wir entwickeln immer mehr Methoden, Katastrophen und Krisen früher zu erkennen, sowohl in der Wirtschaft als auch in der Umwelt. Manche ganz weit Denkenden träumen vom ewigen Leben oder von dem auf dem Mars. Und in der Philosophie nimmt die Bewegung zu, die die Menschheit nicht nur als Phänomen der letzten 5000 Jahre begreift, sondern als Teil einer langen Geschichte und damit auch einer langen Zukunft. Der Trend zur Zukunft ist also nicht gebrochen, aber die meisten von uns schauen nicht hin.

Dabei ist das Wichtigste an unserer Zukunftsfähigkeit: Wir müssen sie einfach nur bewusst nutzen. Das heißt nicht, dass wir gedanklich ständig in der Zukunft sein sollten, so wie keine ganze *Star-Trek*-Folge im Holodeck spielen sollte, denn die Zukunft ist nicht der Ersatz für die Gegenwart, sondern eine Hilfestellung. Und diese Hilfe sollte man nicht auf Autopilot lassen oder von anderen kaufen, sondern regelmäßig bewusst anschalten, nutzen und mit den Erkenntnissen zurückkehren in die Gegenwart. Als Einzelpersonen eignen sich symbolische Momente wie Neujahr, Geburtstage oder Jahrestage – obwohl viel über gute Vorsätze gespottet wird, hält man sie tatsächlich doppelt so oft ein, wenn man sie an solchen Tagen fasst.[292] Aber auch Unternehmen, Parteien, sogar Schulen und Zivilverbände sollten sich einmal im Jahr Zeit nehmen für die Zukunft.

Alle von uns haben die Fähigkeit, die Zukunft zu denken, das ist die Garantie. Wer darin besonders gut werden möchte, sollte vor allem seinen Geist schärfen, nie aufgeben, gerne nachdenken, Fehler tolerieren, einen gewissen Sinn für das Leben haben, verschiedene Erfahrungen sammeln, viel lesen, Energie haben, sich selbst als ein kreatives Wesen begreifen, Risiken eingehen, und nicht zuletzt: Wir sollten Veränderungen als normalen Teil des Lebens begreifen.[293]

Namens- und Sachregister

Anmerkungen

1 Roy Baumeister et al., »Everyday Thoughts in Time: Experience Sampling Studies of Mental Time Travel«, *PsyArXiv*, 2018, S. 22, 45. Bruce E. Tonn et al., »Cognitive representations of the future: survey results«, *Futures*, Vol. 38, 2006, S. 818

2 L. J. Ji et al., »Culture, psychological proximity to the past and future, and self-continuity«, *European Journal of Social Psychology*, Vol. 49, Issue 4, 2019, S. 735–747. L. J. Li et al., »To buy or to sell: cultural differences in stock market decisions based on price trends«, *Journal of Behavioral Decision Making*, Vol. 21, Issue 4, 2008, S. 399–413. K. C. H. Lam et al., »Cultural differences in affective forecasting: the role of focalism«, *Personality and Social Psychology Bulletin*, 31(9), S. 1296–1309. Nazike Mert et al., »What lies ahead of us? Collective future thinking in Turkish, Chinese, and American adults«, *Memory and Cognition*, Vol. 3, Issue 51, 2023, S. 773–790

3 Hans-Jochen Luhmann, *Die Blindheit der Gesellschaft: Filter der Risikowahrnehmung* (Gerling Akademie Verlag: München, 2001)

4 Our World in Data, »Countries that are democracies and autocracies in the world«, https://ourworldindata.org/grapher/countries-democracies-autocracies-row?country=~OWID_WRL. Gapminder, »32 improvements«, https://www.gapminder.org/factfulness-book/32-improvements/

5 Centre for the Future of Democracy, »Global Satisfaction with Democracy 2020«, University of Cambridge, https://www.cam.ac.uk/system/files/report2020_003.pdf. Körber-Stiftung, »Demokratie in der Krise«, November 2021, https://koerber-stiftung.de/projekte/staerkung-der-demokratie/wie-gehen-demokratien-mit-krisen-um/. *Der Standard*, »›Volle Zustimmung‹ zur Demokratie als beste Staatsform sinkt in Umfrage auf 54 Prozent«, 4. März 2023, https://www.derstandard.at/story/2000144151258/volle-zustimmung-zur-demokratie-als-bester-staatsform-sinkt-in-umfrage

6 Edelman Trust Barometer, »Unprepared for the Future«, 2020, https://cdn2.hubspot.net/hubfs/440941/Trust%20Barometer%202020/2020%20Edelman%20Trust%20Barometer%20Global%20

Report.pdf?utm_campaign=Global:%20Trust%20Barometer%20 2020&utm_source=Website https://cdn2.hubspot.net/hubfs/440941/ Trust%20Barometer%202020/2020%20Edelman%20Trust%20Barometer%20Global%20Report.pdf?utm_campaign=Global:%20Trust%20 Barometer%202020&utm_source=Website

7 Bertelsmann Stiftung, »The Optimism Gap: Personal Complacency versus Societal Pessimism in European Public Opinion«, 2020, https://www.bertelsmann-stiftung.de/fileadmin/files/BSt/Publikationen/GrauePublikationen/eupinions_The_Optimism_Gap.pdf

8 Vodafone Stiftung, »Jugendstudie: 86 Prozent der jungen Menschen in Deutschland machen sich Sorgen um ihre Zukunft«, April 2022, https://www.vodafone-stiftung.de/jugendstudie-2022/

9 Ipsos, »Global advisor predictions 2023«, https://www.ipsos.com/sites/default/files/ct/news/documents/2022-12/Ipsos%20Global%20Advisor%20Predictions%20Poll%20for%202023.pdf. Social Science Research Network, »Climate anxiety in children and young people and their beliefs about government responses to climate change: a global survey«, September 2021, https://papers.ssrn.com/sol3/papers.cfm?abstract_id=3918955

10 *Vox*, »Cosmologist Martin Rees gives humanity a 50–50 chance of surviving the 21st century«, 18. Oktober 2018, https://www.vox.com/future-perfect/2018/10/18/17886974/science-technology-climate-change-existential-threats-martin-rees

11 *BBC*, »Chinese people optimistic about the future, says Pew survey«, Oktober 2016, https://www.bbc.com/news/blogs-china-blog-37570965. Arab News, »Young Saudis optimistic about future, Arab Youth Survey shows«, 1. Mai 2019, https://www.arabnews.com/node/1490621/saudi-arabia

12 European Commission, »Eurobarometer: Optimism about the future of the EU at its highest since 2009«, 10. September 2021, https://ec.europa.eu/commission/presscorner/detail/en/ip_21_4610

13 Levada Center, »Assessments of social well-being in January 2023«, Februar 2023, https://www.levada.ru/en/2023/02/16/assessments-of-social-well-being-in-january-2023/. »Visions of the future: planning horizon and attitudes«, 14. Februar 2023, https://www.levada.ru/en/2023/02/14/visions-of-the-future-planning-horizon-and-attitudes/

14 Valdai Club, »The Age of Pandemic: Year Two. The Future Is Back«, 2021, https://valdaiclub.com/files/35821/

15 Edelman Trust Barometer, »Unprepared for the Future«, 2020, https://

cdn2.hubspot.net/hubfs/440941/Trust%20Barometer%20 2020/2020%20Edelman%20Trust%20Barometer%20Global%20 Report.pdf?utm_campaign=Global:%20Trust%20Barometer%20 2020&utm_source=Website https://cdn2.hubspot.net/hubfs/440941/ Trust%20Barometer%202020/2020%20Edelman%20Trust%20Barometer%20Global%20Report.pdf?utm_campaign=Global:%20Trust%20 Barometer%202020&utm_source=Website

16 McKinsey, »The case against corporate short termism«, 4. August 2017, https://www.mckinsey.com/mgi/overview/in-the-news/the-case-against-corporate-short-termism

17 H. Lamm et al., »Sex and Social Class as Determinants of Future Orientation (Time Perspective) in Adolescents«, *Journal of Personality and Social Psychology*, Vol. 34, Issue 3, 1976, S. 317–326

18 Jamie McQuilkin, »Doing Justice to the Future: A global index of intergenerational solidarity derived from national statistics«, *Intergenerational Justice Review*, Juni 2018

19 Rolf Ulrich, »With the past behind and the future ahead: Back-to-front representation of past and future sentences«, *Memory & Cognition*, Vol. 40, 2012, S. 483–495

20 Daniel T. Gilbert & Timothy D. Wilson, »Prospection: Experiencing the Future«, *Science*, Vol. 317, September 2007. Thomas R. Zentall, »Animals represent the past and the future«, *Evolutionary Psychology*, Vol. 11, Issue 3, 2013, S. 573–590

21 William Alexander Hernandez, »St. Augustine on Time«, *International Journal of Humanities and Social Science*, Vol. 6, No. 6, Juni 2016

22 J. M. E. McTaggart, »The Unreality of Time«, *Mind*, Vol. 17, No. 68, 1908, S. 457–474. Maria Bittner, *Temporality: Universals and Variation* (Wiley-Blackwell: Hoboken, 2014)

23 *New Scientist*, »How to think about … Time«, 27. Juni 2018, https://www.newscientist.com/article/mg23831840-400-how-to-think-about-time/

24 Carlo Rovelli, *The Order of Time* (Allen Lane: London, 2018)

25 J. H. Wearden et al., »Feeling the heat: body temperature and the rate of subjective time, revisited«, *Quarterly Journal of Experimental Psychology*, Vol. 48, Issue 2, 1995, S. 129–141. Chen Bo Zhong, »You Are How You Eat: Fast Food and Impatience«, *Psychological Science*, Vol. 21, Issue 5, 2010, S. 619–622

26 Sophie Fayolle et al., »Fear and time: Fear speeds up the internal clock«, *Behavioral Processes*, 2015, S. 135–140

27 Dean Buonomano, *Your brain is a time machine: The Neuroscience and Physics of Time* (W. W. Norton & Co Inc: New York, 2017)
28 Maureen Rhemann, »Deepening Futures with Neuroscience«, *World Futures Review*, Vol. 11, Issue 1, 2019, S. 51–68
29 Kei M. Igarashi et al., »Coordination of entorhinal-hippocampal ensemble activity during associative learning«, *Nature,* Vol. 510, 2014, S. 143–147. Amanda N. Miles, »Odour-induced mental time travel into the past and future: do odour cues retain a unique link to our distant past?«, *Memory*, Vol. 19, Issue 8, 2011, S. 930–940.
30 *Science Daily*, »Your brain on imagination: It's a lot like reality, study shows«, 10. Dezember 2018, https://www.sciencedaily.com/releases/2018/12/181210144943.htm
31 Arnaud D'Argembeau et al., »Frequency, characteristics and functions of future-oriented thoughts in daily life«, *Applied Cognitive Psychology*, Vol. 25, Issue 1, 2011, S. 96–103. Roy Baumeister, »Pragmatic Prospection«, in Martin E. Seligman et al., *Homo Prospectus* (Oxford University Press: Oxford, 2016), S. 165
32 Endel Tulving, »Memory and consciousness«, *Canadian Psychological Association*, 1985, Vol. 26, No. 1, S. 1–12
33 Martin E. Seligman et al., *Homo Prospectus* (Oxford University Press: Oxford, 2016)
34 Archy O. de Berker et al., »Computations of uncertainty mediate acute stress responses in humans«, *Nature Communications*, Vol. 7, 2016
35 Robert Burton, *On being certain: Believing you are right even when you are wrong* (St. Martin's Press: New York, 2009)
36 Roy Baumeister, »Pragmatic Prospection«, in Martin E. Seligman et al., *Homo Prospectus* (Oxford University Press: Oxford, 2016), S. 159
37 Chandra Sripada, »Free Will and the Construction of Options«, in Martin E. Seligman et al., *Homo Prospectus* (Oxford University Press: Oxford, 2016), S. 191–206
38 Tali Sharot, *The Optimism Bias: A Tour of the Irrationally Positive Brain*, (Pantheon Books: New York, 2011)
39 M. L. Farber, »Time Perspective and Feeling Tone: A Study in the Perception of Days«, *Journal of Psychology*, Vol. 35, 1953, S. 253–257
40 Anne S. Rasmussen & Dorthe Berntsen, »The reality of the past versus the ideality of the future: Emotional valence and functional differences between past and future mental time travel«, *Memory and Cognition*, Vol. 41, 2013, S. 187–200
41 Mariellen Fischer et al., »Optimism and Pessimism in Elementary

School-Aged Children,« *Child Development*, Vol. 57, No. 1, 1986, S. 241–248

42 Derek M. Isaacowitz, »Correlates of Well-being in Adulthood and Old Age: A Tale of Two Optimisms«, *Journal of Research in Personality*, Vol. 39, No. 2, 2005, S. 224–244

43 N. D. Weinstein, »Unrealistic Optimism About Future Life Events«, *Journal of Personality and Social Psychology*, Vol. 39, No. 5, 1980, S. 806–820

44 Tal Eyal et al., »The Pros and Cons of Temporally Near and Distant Action«, *Journal of Personality and Social Psychology*, Vol. 86, Issue 6, 2014, S. 781–795

45 *Live Science*, »Your Brain ›Shields‹ Itself from the Existential Threat of Death«, 25. Oktober 2019, https://www.livescience.com/brain-shields-idea-death.html

46 Tali Sharot, *The Optimism Bias: A Tour of the Irrationally Positive Brain* (Pantheon Books: New York, 2011)

47 K. K. Szpunar et al., »Episodic future thought and its relation to remembering: Evidence from ratings of subjective experience«, *Memory and Cognition*, Vol. 17, 2008, S. 330–334

48 Hartmut Rosa, *Beschleunigung: Die Veränderung der Zeitstrukturen in der Moderne* (Suhrkamp: Frankfurt am Main, 2005), S. 31–34

49 Gail Sheehy, *Passages: predictable life crises of adult life* (Ballantine Books: New York, 1976)

50 John Kotre, »Generative Outcome«, *Journal of Aging Studies*, Vol. 9, No. 1, 1995, S. 36

51 Christiane Hoppmann, »Associations Among Individuals' Perceptions of Future Time, Individual Resources, and Subjective Well-Being in Old Age«, *The Journals of Gerontology: Series B*, Vol. 72, Issue 3, 2017, S. 388–399

52 Florence Ettlin et al., »Back or to the future? Preferences of time travelers«, *Judgment and Decision Making*, Vol. 7, No. 4, Juli 2012, S. 373–382

53 Nicolson Y. F. Siu et al., »Time perception and time perspective differences between adolescents and adults«, *Acta Psychologica*, Vol. 151, September 2014, S. 222–229

54 Reinhart Koselleck, *Vergangene Zukunft: Zur Semantik geschichtlicher Zeiten* (Suhrkamp: Frankfurt am Main, 1979)

55 Hartmut Rosa, *Beschleunigung: Die Veränderung der Zeitstrukturen in der Moderne* (Suhrkamp: Frankfurt am Main, 2005) S. 31–34

56 Pew Research Center, »Where Americans and Europeans agree – and differ – in the values they see as important«, 16. Oktober 2019, https://

www.pewresearch.org/fact-tank/2019/10/16/where-americans-and-europeans-agree-and-differ-in-the-values-they-see-as-important/

57 *The Atlantic*, »What Makes Americans So Optimistic? Why the U. S. tends to look on the bright side«, 25. März 2015, https://www.theatlantic.com/politics/archive/2015/03/the-american-ethic-and-the-spirit-of-optimism/388538/

58 Cameron Smith et al., *Emigrating Beyond Earth: Human Adaptation and Space Colonization* (Springer: New York, 2012), S. 25. Brandon Carter et al., »The anthropic principle and its implications for biological evolution«, *Philosophical Transactions of the Royal Society of London*, Vol. 310, Issue 1512, 1983, S. 347–363. J. Richard Gott, »Implications of the Copernican principle for our future prospects«, *Nature*, Vol. 363, 1993, S. 315–319. Martin Rees, *On the Future: Prospects for Humanity* (Princeton University Press: Princeton, 2018)

59 Institute for the Future, »The American Future Gap«, 13. April 2017, https://www.iftf.org/americanfuturegap/

60 K. K. Szpunar et al., »Episodic future thought and its relation to remembering: Evidence from ratings of subjective experience«, *Memory and Cognition*, Vol. 17, 2008, S. 330–334

61 Daniel Gilbert, »The Psychology of Your Future Self«, TED Talk, März 2014, https://www.ted.com/talks/dan_gilbert_the_psychology_of_your_future_self?language=en

62 Emily Pronin, »Doing unto future selves as you would do unto others: psychological distance and decision making«, *Personality and Social Psychology Bulletin*, Vol. 34, Issue 2, 2008, S. 224–236. Hal Ersner-Hershfield et al., »Saving for the future self: Neural measures of future self-continuity predict temporal discounting«, *Social Cognitive and Affective Neuroscience*, Vol. 4, Issue 1, 2009, S. 85–92

63 Hartmut Rosa, *Beschleunigung: Die Veränderung der Zeitstrukturen in der Moderne* (Suhrkamp: Frankfurt am Main, 2005), S. 31–34

64 Alan Strathman et al., »The consideration of future consequences scale: Weighing immediate and distant outcomes of behavior«, *Journal of Personality and Social Psychology*, Vol. 66, 1994, S. 742–752

65 Sylvie Droit-Volet, »Time perception in children: A neurodevelopmental approach«, *Neuropsychologia*, Vol. 51, Issue 2, 2013, S. 220–234

66 *Smithsonian Magazine*, »When Did the Human Mind Evolve to What It Is Today?«, 25. Juni 2012, https://www.smithsonianmag.com/science-nature/when-did-the-human-mind-evolve-to-what-it-is-today-140507905/

67 J. Bottéro et al., *Mesopotamia: Writing, Reasoning, and the Gods* (The University of Chicago Press: Chicago, 1992), S. 125–137

68 F. H. Cryer, *Divination in Ancient Israel and Its Near Eastern Environment: A Socio-historical Investigation* (Bloomsbury Publishing: London, 1994), S. 157. Scott Noegel et al. (Hrsg.), *Prayer, Magic, and the Stars in the Ancient and Late Antique World* (Penn State Press: University Park, 2010), S. 169. A. Winitzer, »Writing and Mesopotamian divination: The case of alternative interpretation«, *Journal of Cuneiform Studies*, Vol. 63, 2011, S. 77–94

69 James Holden, *A History of Horoscopic Astrology* (American Federation of Astrologers: 1996)

70 Jewish Encyclopedia, »Eschatology«, https://www.jewishencyclopedia.com/articles/5849-eschatology

71 John Calvin, »Institutes of the Christian Religion«, hrsg. v. John T. McNeill, übers. v. Ford Lewis Battles, 2 Bde. (Philadelphia: Westminster Press, 1960)

72 Menno Hulswit, »A Short History of ›Causation‹«, http://see.library.utoronto.ca/SEED/Vol4-3/Hulswit.htm. J. L. Mackie, *The cement of the universe: a study of causation* (Oxford University Press: Oxford, 1980)

73 Shane W. Bench & Heather C. Lench, »On the Function of Boredom«, *Behavioural Sciences*, Vol. 3, Issue 3, 2013, S. 459–472

74 Ezequiel Morsella et al., »The Spontaneous Thoughts of the Night: How Future Tasks Breed Intrusive Cognitions«, *Social Cognition*, Vol. 28, No. 5, 2010, S. 641–650

75 Scott Barry Kaufman & Jerome L. Singer, »The Origins of Positive-Constructive Daydreaming«, *Scientific American*, 22. Dezember 2011, https://blogs.scientificamerican.com/guest-blog/the-origins-of-positive-constructive-daydreaming/

76 Christine A. Godwin et al., »Functional connectivity within and between intrinsic brain networks correlates with trait mind wandering«, *Neuropsychologia*, August 2017, S. 140–153

77 Rafael Popper, »Foresight Methodology«, in Luke Georghiou et al. (Hrsg.), *The Handbook of Technology Foresight* (Cheltenham: Edward Elgar, 2008), S. 44–88. Peter Schwartz, *The Art of the Long View: Planning for the Future in an Uncertain World* (Currency Doubleday: New York, 1996), S. 29–43

78 Angela Wilkinson & Roland Kupers, »Living in the Futures«, *Harvard Business Review*, Mai 2013

79 Chandra Sripada, »Imaginative Guidance: A Mind Forever Wande-

ring«, in Martin E. Seligman et al., *Homo Prospectus* (Oxford University Press: Oxford, 2016), S. 105

80 E. A. Locke, »Toward a theory of task motivation and incentives«, *Organizational Behavior and Human Performance,* Vol. 3, Issue 2, 1968, S. 157–189

81 Gustav Grossmann, »Der elementare Teil der Grossmann-Methode. Stufe 1: Das Glückstagebuch oder Einführung in die methodische Zeitplanung«, in Grossmann, *Die Originaleinführung der »Grossmann-Methode«* (HelfRecht-Studienzentrum GmbH: Bad Alexandersbad, 1983), S. 227–414

82 E. A. Locke et al., »Goal setting and task performance: 1969–1980«, *Psychological Bulletin,* Vol. 90, Issue 1, 1981, S. 125–152

83 Amy N. Dalton et al., »Too Much of a Good Thing: The Benefits of Implementation Intentions Depend on the Number of Goals«, *Journal of Consumer Research*, Vol. 39, No. 3, 2012, S. 600–614

84 Carnegie Mellon University, »New research finds the time of day when a student takes a class can affect the major selected later in the academic career«, 23. Januar 2020, https://www.cmu.edu/news/stories/archives/2020/january/major-decisions.html

85 Julia Woodzicka et al., »Real Versus Imagined Gender Harassment«, *Journal of Social Issues*, Vol. 57, No. 1, 2001, S. 15–30. Peter Ayton et al., »Affective forecasting: Why can't people predict their emotions?«, *Thinking & Reasoning*, Vol. 13, Issue 1, 2007, S. 62–80

86 George Loewenstein et al., »Projection bias in predicting future utility«, *Quarterly Journal of Economics*, Vol. 118, Issue 4, 2003, S. 1209–1248

87 William Samuelson et al., »Status quo bias in decision making«, *Journal of Risk and Uncertainty,* Vol. 1, 1988, S. 7–59

88 Xiaoli Nan et al., »How Thinking about the Future Affects Our Decisions in the Present: Effects of Time Orientation and Episodic Future Thinking on Responses to Health Warning Messages«, *Human Communication Research*, Vol. 45, Issue 2, April 2019, S. 148–168

89 Alan Strathman et al., »The consideration of future consequences scale: Weighing immediate and distant outcomes of behavior«, *Journal of Personality and Social Psychology*, Vol. 66, 1994, S. 742–752. Warren K. Bickel et al., »The consideration of future consequences scale: Weighing immediate and distant outcomes of behavior«, Gretchen B. Chapman, »Temporal discounting and utility for health and money«, *Journal of Experimental Psychology: Learning, Memory, and Cognition*, Vol. 22, Issue 3, 1996, S. 771–791. Gretchen B. Chapman, »Sooner or later: The psycho-

logy of intertemporal choice«, in D. L. Medin (Hrsg.), *The Psychology of Learning and Motivation,* Vol. 38 (Academic Press: San Diego, CA), S. 83–113. Sheina Orbell, »Temporal framing and persuasion to adopt preventive health behavior: moderating effects of individual differences in consideration of future consequences on sunscreen use«, *Health Psychology*, Vol. 27, 2008, S. 770–779. Pepita Barlow, »Time-discounting and tobacco smoking: A systematic review and network analysis«, *International Journal of Epidemiology*, Vol. 46, Issue 3, S. 860–869

90 L. J. Ji et al., »Culture, psychological proximity to the past and future, and self-continuity«, *European Journal of Social Psychology*, Vol. 49, Issue 4, S.735–747. L. J. Ji et al., »To buy or to sell: Cultural differences in stock market decisions based on stock price«, *Journal of Behavioral Decision Making*, Vol. 21 Issue 4, 2008, S. 399–413. K. C. H. Lam et al., »Cultural Differences in Affective Forecasting: The Role of Focalism«, *Personality and Social Psychology Bulletin*, Vol. 31, Issue 9, 2005, S. 1296–1309

91 Walter Mischel et al., »Delay of gratification in children«, *Science*, Vol. 244, No. 4907, 1989, S. 933–938

92 Celeste Kidda et al., »Rational snacking: Young children's decision-making on the marshmallow task is moderated by beliefs about environmental reliability«, *Cognition*, Vol. 126, Issue 1, 2013, S. 109–114

93 Jennifer Jacquet et al., »Intra- and intergenerational discounting in the climate game«, *Nature Climate Change*, 2013

94 Philip Zimbardo & John Boyd, »Putting Time in Perspective: A Valid, Reliable Individual-Differences Metric«, *Journal of Personality and Social Psychology*, Vol. 77, Issue 6, 1999, S. 1271–1288

95 Beyon Miloyan et al., »Measuring mental time travel: Is the hippocampus really critical for episodic memory and episodic foresight?«, *Cortex*, Vol. 117, 2019, S. 371–384

96 E. Tulving, »Memory and consciousness«, *Canadian Journal of Experimental Psychology*, Vol. 26, 1985, S. 1–2. *New Scientist*, »Amnesiacs struggle to imagine future events«, 15. Januar 2007

97 Jorge A. Barraza, »The Heart of the Story: Peripheral Physiology During Narrative Exposure Predicts Charitable Giving«, *Biological Psychology*, Vol. 105, 2015, S. 138–143. Angus Fletcher, *Wonderworks: The 25 Most Powerful Inventions in the History of Literature* (Simon & Schuster: New York, 2021)

98 Paul J. Zak, »Why Your Brain Loves Good Storytelling«, *Harvard Business Review*, 28. Oktober 2014

99 iMore, »Brand loyalty for Apple has hit an all-time high«, 16. März 2021, https://www.imore.com/brand-loyalty-apple-has-hit-all-time-high. Andrew S. C. Ehrenberg, *Repeat-Buying: Facts, Theory And Application* (Oxford University Press: New York, 1988), S. 166

100 Benjamin Baird et al., »Back to the future: Autobiographical planning and the functionality of mind-wandering«, *Consciousness and Cognition*, Vol. 20, Issue 4, Dezember 2011, S. 1604–1611

101 Richard E. Neustadt & Ernest R. May, *Thinking in Time: The uses of history for decision-makers* (The Free Press: New York, 1986), S. 44–52

102 Yuen Foong Khon, *Analogies at War: Korea, Munich, Dien Bien Phu, and the Vietnam Decisions of 1965* (Princeton University Press: Princeton, 1992), S. 3–10. Bruno Tertrais, *La Revanche de l'histoire* (Odile Jacob: Paris, 2019)

103 Ulric Neisser & Nicole Harsch, »Phantom flashbulbs: False recollections of hearing the news about Challenger«, in E. Winograd & U. Neisser (Hrsg.), *Affect and accuracy in recall: Studies of »flashbulb« memories* (Emory Symposia in Cognition 4, Cambridge University Press: 1992), S. 9–31. William Hirst et al., »Long-term memory for the terrorist attack of September 11: flashbulb memories, event memories, and the factors that influence their retention«, *Journal of Experimental Psychology: General,* Vol. 138, Issue 2, Mai 2009, S. 161–176

104 Geralda Odinot, »Eyewitness memory of a supermarket robbery: a case study of accuracy and confidence after 3 months«, *Law and Human Behavior*, Vol. 33, Issue 6, 2009, S. 506–514

105 Neil Price et al., »Viking warrior women? Reassessing Birka chamber grave, Bj. 581«, *Antiquity*, Vol. 93, Issue 367, 2019, S. 181–198

106 James M. Banner, *The Ever-Changing Past: Why All History is Revisionist History* (Yale University Press: New Haven, 2021), S. 239–250

107 Peter Turchin, »Arise ›cliodynamics‹«, *Nature*, Vol. 545, No. 3, Juli 2008

108 Cambridge Dictionary, »Creativity«, https://dictionary.cambridge.org/dictionary/english/creativity

109 Rex E. Jung, »Quantity yields quality when it comes to creativity: a brain and behavioral test of the equal-odds rule«, *Frontiers in Psychology*, 25. Juni 2015

110 *The Atlantic*, »Innovation: The History of a Buzzword«, 20. Juni 2013, https://www.theatlantic.com/business/archive/2013/06/innovation-the-history-of-a-buzzword/277067/

111 Isaac Asimov & Jean-Marc Coté, *Futuredays: A Nineteenth Century Vision of the Year 2000* (Henry Holt & Co.: New York, 1986)

112 Kevin P. Madore, »Divergent creative thinking in young and older adults: Extending the effects of an episodic specificity induction«, *Memory & Cognition*, Vol. 44, Issue 6, 2016, S. 974–988
113 Martin E. Seligman et al., »Creativity and Aging: What we can make with what we have left«, in Martin E. Seligman et al., *Homo Prospectus* (Oxford University Press: Oxford, 2016), S. 305–350
114 Simone M. Ritter et al., »Diversifying experiences enhance cognitive flexibility«, *Journal of Experimental Social Psychology*, Vol. 48, Issue 4, Juli 2012, S. 961–964
115 Philip E. Tetlock & Dan Gardner, *Superforecasting: The Art and Science of Prediction* (Crown Publishers: New York, 2015), S. 74
116 Robert Sternberg et al., »On Being an Expert: A Cost-Benefit Analysis«, *The Psychology of Expertise*, 1992, S. 191–203
117 Arnaud D'Argembeau et al., »Individual differences in the phenomenology of mental time travel: the effect of vivid visual imagery and emotion regulation strategies«, *Consciousness and Cognition*, Vol. 15, S. 342–350
118 Clayton Davies et al., »The epistemological relevance of the arts in foresight and futures studies«, *Futures*, Vol. 47, S. 1–8
119 E. Harmon-Jones, »Does Negative Affect Always Narrow and Positive Affect Always Broaden the Mind? Considering the Influence of Motivational Intensity on Cognitive Scope«, *Current Directions in Psychological Science*, Vol. 22, Issue 4, S. 301–307. M. W. Ceci et al., »A Correlational Study of Creativity, Happiness, Motivation, and Stress from Creative Pursuits«, *Journal of Happiness Studies*, Vol. 17, Issue 2, 2016, S. 609–626
120 Matthew Walker, *Why we sleep: the new science of sleep and dreams* (Penguin Books: London, 2017), S. 132
121 R. M. Sorrentino et al., »Uncertainty orientation«, in C. Smith (Hrsg.), *Motivation and Personality: Handbook of thematic content analysis* (Cambridge University Press: Cambridge, 1992), S. 419–427
122 Xiaoli Nan & Yan Qin, »How Thinking about the Future Affects Our Decisions in the Present: Effects of Time Orientation and Episodic Future Thinking on Responses to Health Warning Messages«, *Human Communication Research*, Vol. 45, Issue 2, 2019, S. 148–168
123 *Nature*, »What's your risk of catching COVID? These tools help you to find out«, 21. Dezember 2020, https://www.nature.com/articles/d41586-020-03637-y
124 Business Insider, »This Is When You're Going To Die«, 21. März 2014, https://www.businessinsider.com/social-security-life-table-charts-2014-3?r=US&IR=T

125 Modise Wiston & KM Mphale, »Weather Forecasting: From the Early Weather Wizards to Modern-day Weather Predictions«, *Journal of Climatology & Weather Forecasting*, Vol. 6, Issue 2, April 2018
126 National Oceanic and Atmospheric Administration, »How Reliable Are Weather Forecasts?«, https://scijinks.gov/forecast-reliability/
127 *New Scientist*, »Earthquakes seem to come in a more predictable pattern than we thought«, 23. August 2022, https://www.newscientist.com/article/2334746-earthquakes-seem-to-come-in-a-more-predictable-pattern-than-we-thought/
128 *Nature*, »Event-level prediction of urban crime reveals a signature of enforcement bias in US cities«, 30. Juni 2022, https://www.nature.com/articles/s41562-022-01372-0?utm_medium=affiliate&utm_source=commission_junction&utm_campaign=CONR_PF018_ECOM_GL_PHSS_ALWYS_DEEPLINK&utm_content=textlink&utm_term=PID100090912&CJEVENT=f088859659c011ed8193a7ab0a18050d
129 Sana Azar Wendelien van Eerde, »Too Late? What Do You Mean? Cultural Norms Regarding Lateness for Meetings and Appointments«, *Cross-Cultural Research*, Vol. 54, Issue 2–3, 2019, S. 111–129
130 E. P. Thompson, »Time, work-discipline, and industrial capitalism«, *Past & Present*, No. 38, 1967, S. 56–97
131 Chad Orzel, *A brief history of timekeeping: The science of marking time, from Stonehenge to Atomic Clocks* (Oneworld: London, 2022), S. 181–196
132 Edward Dolnick, *The Seeds of Life: From Aristotle to da Vinci, from Sharks' Teeth to Frogs' Pants, the Long and Strange Quest to Discover Where Babies Come From* (Basic Books: New York, 2017)
133 Justin S. Feinstein et al., »The human amygdala and the induction and experience of fear«, *Current Biology*, Vol. 11, Issue 21(1), 2011, S. 34–38. Daniel Tranel et al., »Altered experience of emotion following bilateral amygdala damage«, *Cognitive Neuropsychiatry*, Vol. 11, Issue 3, 2006, S. 219–232
134 Aaron T. Beck & Gary Emery, *Anxiety disorders and phobias: A cognitive perspective* (Basic Books: New York, 1985), S. 10
135 Geert Hofstede, »Uncertainty Avoidance Index«, https://clearlycultural.com/geert-hofstede-cultural-dimensions/uncertainty-avoidance-index/
136 Paul Slovic, *The Perception of Risk* (Routledge: London, 2000)
137 Frank H. Knight, *Risk, Uncertainty and Profit* (Houghton Mifflin Company: New York, 1921)

138 David Spiegelhalter, *The Art of Statistics: Learning from Data* (Penguin Books: London, 2019), S. 205–228
139 Frank H. Knight, »What is ›Truth‹ in Economics?«, *Journal of Political Economy*, Vol. 48, Issue 1, 1940, S. 1–32
140 WHO, »World Bank and WHO: Half the world lacks access to essential health services, 100 million still pushed into extreme poverty because of health expenses«, 2017, https://www.who.int/news/item/13-12-2017-world-bank-and-who-half-the-world-lacks-access-to-essential-health-services-100-million-still-pushed-into-extreme-poverty-because-of-health-expenses
141 Denis Kessler et al., »The Macroeconomic Role of Insurance«, in Felix Hufeld et al. (Hrsg.), *The Economics, Regulation, and Systemic Risk of Insurance Markets* (Oxford University Press: Oxford, 2016). J. Lin & D. Wang, »A Review on the Society Impact of Insurance«, Insurance Study, 2015 (auf Chinesisch), S. 98–105
142 European Commission, »Cybercrime: new survey shows Europeans feel better informed but remain concerned«, Januar 2020
143 European Commission, »NCDs: the leading causes of disability and death in the EU«, Oktober 2018, https://knowledge4policy.ec.europa.eu/foresight/topic/shifting-health-challenges/ncds-leading-causes-disability-death-eu_en
144 Arms Control Association, »Nuclear Weapons: Who Has What at a Glance«, Januar 2022, https://www.armscontrol.org/factsheets/Nuclearweaponswhohaswhat
145 William Samuelson & Richard Zeckhauser, »Status Quo Bias in Decision Making«, *Journal of Risk and Uncertainty*, Vol. 1, Issue 1, 1988, S. 7–59
146 Jean Servier, *Histoire de l'Utopie* (Gallimard: Paris, 1967), S. 15–26
147 Ernst Bloch, *Das Prinzip Hoffnung*, Bd. I (Suhrkamp: Frankfurt am Main, 1959) S. 258
148 Vincent D. Costa et al., »Dopamine Modulates Novelty Seeking Behavior During Decision Making«, *Behavioural Neuroscience*, Vol. 128, Issue 5, 2014, S. 556–566
149 Louis Baudin, *L'Empire socialiste des Inca* (Institut d'Ethnologie: Paris, 1928), S. 65
150 Ernst Bloch, *Das Prinzip Hoffnung*, Bd. I (Suhrkamp: Frankfurt am Main, 1959) S. 285
151 Ernst Bloch, *Das Prinzip Hoffnung*, Bd. I (Suhrkamp: Frankfurt am Main, 1959) S. 278

152 Jean Servier, *Histoire de l'Utopie* (Gallimard: Paris, 1967), S. 323

153 Hans Rosling et al., *Factfulness: Ten Reasons We're Wrong About the World – and Why Things Are Better Than You Think* (Flatiron Books: London, 2018)

154 Tali Sharot, *The Optimism Bias: A Tour of the Irrationally Positive Brain* (Pantheon Books: New York, 2011)

155 *The Washington Post*, »For Olympians, seeing (in their minds) is believing (it can happen)«, 28. Juli 2016, https://www.washingtonpost.com/sports/olympics/for-olympians-seeing-in-their-minds-is-believing-it-can-happen/2016/07/28/6966709c-532e-11e6-bbf5-957ad17b4385_story.html

156 Lewina O. Lee et al., »Optimism is associated with exceptional longevity in 2 epidemiologic cohorts of men and women«, *PNAS* 10, Vol. 116, Issue 37, 2019, S. 18357–18362

157 *New York Public Radio*, »Surprise! Why the Unexpected Feels Good, and Why It's Good for Us«, 1. April 2015, https://www.wnyc.org/story/surprise-unexpected-why-it-feels-good-and-why-its-good-us/

158 Wolfram Schultz, »Predictive Reward Signal of Dopamine Neurons«, *Journal of Neurophysiology*, Vol. 80, Issue 1, 1998, S. 1–27

159 Barbara A. Mellers et al., »Decision Affect Theory: Emotional Reactions to the Outcomes of Risky Options«, *Psychological Science*, Vol. 8, Issue 6, 2016, S. 423–429

160 Lee Ann Renninger, *Surprise: Embrace the Unpredictable and Engineer the Unexpected* (Perigee Books: New York, 2015)

161 Florence Gaub & Lotje Boswinkel, »Who's first wins? International crisis response to COVID-19«, EU Institute for Security Studies, Brief 11, 20. Mai 2020, https://www.iss.europa.eu/content/who%E2%80%99s-first-wins-international-crisis-response-covid-19#_introduction

162 James J. Wirtz, »Theory of Surprise«, in Richard K. Betts & Thomas Mahnken (Hrsg.), *Paradoxes of Strategic Intelligence* (Routledge: London, 2003). Edward Luttwak, *Strategy: The Logic of War and Peace* (Cambridge: Harvard University Press, 1987), S. 8

163 James W. Antony et al., »Behavioral, Physiological, and Neural Signatures of Surprise during Naturalistic Sports Viewing«, *Neuron*, Vol. 109, Issue 2, 2021, S. 377–390

164 Philip Brickman et al., »Lottery winners and accident victims: Is happiness relative?«, *Journal of Personality and Social Psychology*, Vol. 36, Issue 8, 1978, S. 917–927

165 Robert Merton & Eleanor Barber, *The travels and adventures of serendi-*

pity: a study in historical semantics and the sociology of science (Princeton, N. J.: Princeton University Press, 2004)

166 Nassim Nicolas Taleb, *The Black Swan: The Impact of the Highly Improbable* (Penguin: London, 2007)

167 Philip Meissner & Torsten Wulf, »Cognitive benefits of scenario planning: Its impact on biases and decision quality«, *Technological Forecasting and Social Change*, Vol. 80, Issue 4, 2013, S. 801–814

168 Richard Betts, *Surprise Attack: Lessons for Defence Planning* (Brookings Institutions: New York, 1982)

169 Nikki Ikani & Christoph O. Meyer, »The underlying causes of strategic surprise in EU foreign policy: a post-mortem investigation of the Arab uprisings and the Ukraine-Russia crisis of 2013/14«, *European Security*, Vol. 32, Issue 2, 2023. Cynthia Grabo, *Handbook of warning intelligence: assessing the threat to national security* (Lanham: Scarecrow Press, 2010)

170 European Union External Action Service, »EU Ambassadors Annual Conference 2022: Opening speech by High Representative Josep Borrell«, 10. Oktober 2022, https://www.eeas.europa.eu/eeas/eu-ambassadors-annual-conference-2022-opening-speech-high-representative-josep-borrell_en. *Le Monde*, »›Qui aurait pu prédire la crise climatique?‹: Macron accusé de ›déconnexion‹ sur l'écologie«, 3. Januar 2023, https://www.lemonde.fr/politique/article/2023/01/03/emmanuel-macron-et-le-climat-un-discours-qui-rate-sa-cible_6156389_823448.html. Bruce Berkowitz, »U. S. Intelligence Estimates of Soviet Collapse: Reality and Perception«, in Francis Fukuyama (Hrsg.), *Blindsided: How to anticipate forcing events and wild cards in global politics* (Brookings Institution Press: Baltimore, 2007), S. 29–41

171 Aaron T. Beck & Gary Emery, *Anxiety disorders and phobias: A cognitive perspective* (Basic Books: New York, 1985), S. 23

172 George Loewenstein et al., »Risk as feelings«, *Psychological Bulletin*, Vol. 127, Issue 2, 2001, S. 267–286

173 Dan Gardner, *The Science of Fear: How the Culture of Fear Manipulates your brain* (Plume: New York, 2008), S. 10

174 CATO Institute, »Fatalities and the Annual Chance of being Murdered in a European Terrorist Attack«, 21. Juni 2017, https://www.cato.org/blog/european-terrorism-fatalities-annual-chance-being-murdered

175 Injury Facts, »Preventable deaths«, https://injuryfacts.nsc.org/all-injuries/preventable-death-overview/odds-of-dying/. World Health Organisation, »Risk of premature death from the four target NCDs Data by WHO Region«, https://apps.who.int/gho/data/view.main.2485REG?lang=en

176 *The Economist*, »Danger of death! How you are unlikely to die«, 14. Februar 2013, https://www.economist.com/graphic-detail/2013/02/14/danger-of-death?fsrc=scn%2Ftw%2Fte%2Fdc%2Fdangerofdeath%20. *LA Times*, »NASA satellite plunges to Earth«, 24. September 2011, https://www.latimes.com/world/la-xpm-2011-sep-24-la-na-nasa-satellite-20110925-story.html

177 Alessa Rossi, »Risk Perception in a Real-World Situation (COVID-19): How It Changes From 18 to 87 Years Old«, *Frontiers in Psychology*, März 2021, https://www.frontiersin.org/articles/10.3389/fpsyg.2021.646558/full

178 Gallup, »52 % Describe Problem of Crime in the U. S. as Serious«, 13. November 2019, https://news.gallup.com/poll/268283/describe-problem-crime-serious.aspx

179 Daniel Kahneman, *Thinking, Fast and Slow* (Penguin Books: London, 2011), S. 324

180 Rosa Angela Fabio & Rossella Suriano, »The Influence of Media Exposure on Anxiety and Working Memory during Lockdown Period in Italy«, *International Journal for Environmental Research and Public Health*, Vol. 18, Issue 17, 2021, S. 9279. Rafael Prieto Curiel et al., »Crime and its fear in social media«, *Palgrave Communications*, Vol. 6, Issue 57, 2020, https://doi.org/10.1057/s41599-020-0430-7. David Rozado et al., »Longitudinal analysis of sentiment and emotion in news media headlines using automated labelling with Transformer language models«, *PLOS Online*, 18. Oktober 2022, https://journals.plos.org/plosone/article?id=10.1371/journal.pone.0276367&utm_source=Sailthru&utm_medium=email&utm_campaign=Future%20Perfect%20%28Friday%29:%203/24/23&utm_term=Future%20Perfect

181 Betty Pfefferbaum, »Disaster Media Coverage and Psychological Outcomes: Descriptive Findings in the Extant Research«, *Current Psychiatry Reports*, Vol. 16, Article 464, 2014

182 Carmen P. McLean et al., »Gender Differences in Anxiety Disorders: Prevalence, Course of Illness, Comorbidity and Burden of Illness«, *Journal of Psychiatric Research*, Vol. 45, Issue 8, 2011, S. 1027–1035. National Institute of Mental Health, »Any Anxiety Disorder«, https://www.nimh.nih.gov/health/statistics/any-anxiety-disorder. Edward C. Chang et al., »Cultural variations in optimistic and pessimistic bias: do Easterners really expect the worst and Westerners really expect the best when predicting future life events?«, *Journal of Personality and Social Psychology*, Vol. 81, Issue 3, 2001, S. 476–491

183 John B. Whitfield et al., »Pessimism is associated with greater all-cause and cardiovascular mortality, but optimism is not protective«, *Scientific Reports*, Vol. 10, Article 12609, 2020

184 C. R. France et al., »Pain resilience and catastrophizing combine to predict functional restoration program outcomes«, *Health Psychology*, Vol. 39, Issue 7, 2020, S. 573–579

185 Resham Gellatly & Aaron T. Beck, »Catastrophic Thinking: A Transdiagnostic Process Across Psychiatric Disorders«, *Cognitive Therapy and Research*, Vol. 40, 2016, S. 441–452

186 Cindy Hazan & Phillip Shave, »Romantic Love Conceptualized as an Attachment Process«, *Journal of Personality and Social Psychology*, Vol. 52, No. 3, 1987, S. 511–524

187 Aaron T. Beck & Gary Emery, *Anxiety disorders and phobias: A cognitive perspective* (Basic Books: New York, 1985), S. 23

188 Garrick Blalock et al., »Driving Fatalities After 9/11: A Hidden Cost of Terrorism«, *Applied Economics*, Vol. 41, Issue 14, 2009, S. 1717–1729

189 Joseph M. Pierre, »The psychology of guns: risk, fear, and motivated reasoning«, *Palgrave Communications*, Vol. 5, Article 159, 2019. David Hemenway, »Risks and Benefits of a Gun in the Home«, *American Journal of Lifestyle Medicine*, Vol. 5, Issue 6, 2011, S. 502–511

190 *The Guardian*, »Boy Scout found after four days in Utah wilderness«, 23. Juni 2005, https://www.theguardian.com/world/2005/jun/23/usa.jamiewilson

191 *Newsweek*, »More Than 4 in 5 Russians Fear Nuclear War With U.S.-Poll«, 21. April 2022, https://www.newsweek.com/ukraine-invasion-us-russia-china-nuclear-cold-war-1699626

192 Guy Mayraz, »Wishful Thinking«, The University of Melbourne, Department of Economics, Working Paper Series, Mai 2013

193 Bryan L. Koenig et al., »Misperception of sexual and romantic interests in opposite-sex friendships: Four Hypotheses«, *Personal Relationships*, Vol. 14, Issue 3, 2007, S. 411–429. Carin Perilloux et al., »The misperception of sexual interest«, *Psychological Science*, Vol. 23, Issue 2, 2012, S. 146–151. Teresa A. Treat, »Enhancing the accuracy of men's perceptions of women's sexual interest in the laboratory«, *Psychology of Violence*, Vol. 6, Issue 4, 2016, S. 562–572

194 Investopedia, »The Lottery: Is It Ever Worth Playing?«, 6. Januar 2023, https://www.investopedia.com/managing-wealth/worth-playing-lottery/#:~:text=For%20example%2C%20the%20odds%20of,bee%20sting%20during%20your%20lifetime

195 Daniel L. Wann & Thomas J. Dolan, »Influence of spectator's identification on evaluation of the past, present, and future performance of a sports team«, *Perceptual and Motor Skills*, Vol. 78, Issue 2, 1994, S. 547–552. Elisha Babad & Yosi Katz, »Wishful thinking – against all odds«, *Journal of Applied Social Psychology*, Vol. 21, Issue 23, 1991, S. 1921–1938

196 George Orwell, »London letter«, *Partisan Review*, Vol. 12, 1945, S. 467–472

197 Z. Krizan et al., »Wishful Thinking in the 2008 U.S. Presidential Election«, *Psychological Science*, Vol. 21, Issue 1, 2010, S. 140–146. https://doi.org/10.1177/0956797609356421

198 Kathleen A. Dolan & Thomas M. Holbrook, »Knowing versus caring: The role of affect and cognition in political perceptions«, *Political Psychology*, Vol. 22, Issue 1, 2001, S. 27–44. Elisha Babad, »Wishful thinking among voters: Motivational and cognitive influences«, *International Journal of Public Opinion Research*, Vol. 9, Issue 2, 1997, S. 105–125. Donald Granberg & Edward Brent, »When prophecy bends: The preference-expectation link in U.S. presidential elections, 1952–1980«, *Journal of Personality and Social Psychology*, Vol. 45, Issue 3, 1983, S. 477–491. Michael F. Meffert, »More than wishful thinking: Causes and consequences of voters' electoral expectations about parties and coalitions«, *Electoral Studies*, Vol. 30, Issue 4, 2011, S. 804–815. Dieter Stiers & Ruth Dassonneville, »Affect versus Cognition: Wishful thinking on election day: An analysis using exit poll data from Belgium«, *International Journal of Forecasting*, Vol. 34, Issue 2, 2018, S. 199–215

199 Andrew Caplin & John V. Leahy, »Wishful thinking«, Working Paper 25707, National Bureau of Economic Research, 2019. Carmen M. Reinhart & Kenneth S. Rogoff, *This Time Is Different: Eight Centuries of Financial Folly* (Princeton University Press: Princeton, 2011)

200 Michele Wucker, *The Gray Rhino: How to Recognize and Act on the Obvious Dangers We Ignore* (St. Martin's Press: New York, 2016). YouTube, »Elon Musk Motivation – Wishful Thinking (don't do it!)«, https://www.youtube.com/watch?v=zXxD9pkK5fk

201 Aviad Tur-Sinai et al., »The accuracy of self-reported dwelling valuation«, *Journal of Housing Economics*, Vol. 48, 2020

202 Harold Sigall et al., »Wishful Thinking and Procrastination«, *Journal of Social Behavior & Personality*, Vol. 15, Issue 5, 2000, S. 283–296

203 Daniel Kahneman & Amos Tversky, »Intuitive prediction: biases and corrective procedures«, DARPA Technical Report PTR-1042–7746, De-

zember 1977, https://apps.dtic.mil/dtic/tr/fulltext/u2/a047747.pdf. Roger Buehler et al., »Inside the planning fallacy: The causes and consequences of optimistic time predictions«, in Thomas Gilovich, Dale Griffin & Daniel Kahneman (Hrsg.), *Heuristics and biases: The psychology of intuitive judgment* (Cambridge University Press: Cambridge, 2002) S. 250–270

204 Johanna Peetz, »Planning for the near and distant future: How does temporal distance affect task completion predictions?«, *Journal of Experimental Social Psychology*, Vol. 46, Issue 5, 2010, S. 709–772

205 Michele Wucker, *The Gray Rhino: How to Recognize and Act on the Obvious Dangers We Ignore* (St. Martin's Press: New York, 2016)

206 Good Judgment, »Post-Mortem: Lessons Learned in Superforecasting: the Russian Invasion of Ukraine«, https://goodjudgment.com/wp-content/uploads/2022/03/1570-Post-Mortem-v2.pdf

207 Annmarie Navar et al., »Patient-Perceived Versus Actual Risk of Cardiovascular Disease and Associated Willingness to Consider and Use Prevention Therapy«, *Circulation: Cardiovascular Quality and Outcomes*, Vol. 14, Issue 1, 2021

208 Munich Re, »Volcanic eruptions: The earth's ring of fire«, https://www.munichre.com/en/risks/natural-disasters-losses-are-trending-upwards/volcanic-eruptions-the-earths-ring-of-fire.html. Giuseppe De Natale, »Invited perspectives: The volcanoes of Naples: how can the highest volcanic risk in the world be effectively mitigated?«, *Natural Hazards and Earth System Sciences*, Vol. 20, Issue 7, 2020, S. 2037–2053

209 George Marshall, *Don't Even Think About It: Why Our Brains Are Wired to Ignore Climate Change* (Bloomsbury: London, 2014)

210 George Orwell, »London letter«, *Partisan Review*, Vol. 12, 1945, S. 467–472

211 Matthias Horx, »Mein ›Facebook-Failure‹«, https://www.horx.com/zukunftsforschung/mein-facebook-failure/. *Wired*, »More Ballmer Madness: »There's No Chance that the iPhone is Going to Get any Significant Market Share«, 1. Mai 2007, https://www.wired.com/2007/05/more-ballmer-ma/

212 *Wharton Magazine*, »How to See the Future (And Know It When You See It)«, 2016, https://magazine.wharton.upenn.edu/issues/spring-2016/how-to-see-the-future-and-know-it-when-you-see-it/

213 Phil Torres, »How religious and non-religious people view the apocalypse«, *The Bulletin*, 18. August 2017

214 Pew Research Center, »How Religion Intersects With Americans' Views

on the Environment«, 17. November 2022, https://www.pewresearch.org/religion/2022/11/17/how-religion-intersects-with-americans-views-on-the-environment/#h-end-times-beliefs-and-concern-about-climate-change

215 YouGov, »Has the pandemic changed views on human extinction?«, 16. Februar 2022, https://yougov.co.uk/topics/politics/articles-reports/2022/02/16/has-pandemic-changed-views-human-extinction

216 *tz*, »Umfrage zum Weltuntergang: Will Kabel Eins uns für dumm verkaufen?«, 9. April 2018, https://www.tz.de/tv/kabel-eins-macht-umfrage-zum-weltuntergang-zr-9763576.html

217 Florence Gaub, »How the Islamic State sees the future«, EU Institute for Security Studies, Brief, April 2021, https://www.iss.europa.eu/content/how-islamic-state-sees-future

218 Franck Kermode, »The New Apocalyptists«, *Partisan Review*, Vol. 33, Issue 3, 1966, S. 339–361

219 J. F. C. Harrison, *The Second Coming: Popular Millenarianism 1780–1850* (Routledge: London 1979)

220 Adam Roberts, *It's the End of the World: But what are we really afraid of?* (Elliot & Thompson: London, 2020), S. 7

221 Georg Wilhelm Friedrich Hegel, *Vorlesungen über die Geschichte der Philosophie* (Reclam: München, 1924)

222 Karl Marx, »Feuerbachs Thesen«, in *Marx-Engels Werke*, Band 3 (Dietz Verlag: Berlin, 1969)

223 Ana-Maria Catanus, »Official and Unofficial Futures of the Communism System: Romanian Futures Studies between Control and Dissidence«, und Vítezslav Sommer, »Forecasting the Post-Socialist Future: Prognostika in Late Socialist Czechoslovakia, 1970–1989«, in Jenny Andersson & Eglė Rindzevičiūtė, *The struggle for the long term in transnational science and politics: Forging the future* (Routledge: London, 2015)

224 Ronald Wright, *A Short History of Progress* (House of Anansi Press: Toronto, 2004)

225 Ministry of Commerce of the People's Republic of China, »Chinese customs, superstitions and traditions«, 29. November 2009, http://us.mofcom.gov.cn/article/aboutchina/202011/20201103012645.shtml#:~:text=Other%20customs%20and%20superstitions%20include,and%201pm%20quarrels%20will%20ensue

226 NASA, »Constellations and the Calendar: Did you recently hear that NASA changed the zodiac signs? Nope, we definitely didn't …«, 2020, https://nasa.tumblr.com/post/150688852794/zodiac

227 Philippe Zarka, »Astronomy and astrology«, Proceedings of the International Astronomical Union, 5(S260), 2009, S. 420–425. John H. McGrew & Richard McFall, »A scientific inquiry into the validity of astrology«, *Journal of Scientific Exploration*, Vol. 4, Issue 1, 1990, S. 75–83

228 Pew Research Center, »›New Age‹ beliefs common among both religious and nonreligious Americans«, 1. Oktober 2018, https://www.pewresearch.org/fact-tank/2018/10/01/new-age-beliefs-common-among-both-religious-and-nonreligious-americans/. Statista, »Glauben Männer und Frauen an Astrologie und Horoskope?«, https://de.statista.com/statistik/daten/studie/668629/umfrage/umfrage-zum-glauben-an-astrologie-und-horoskope-in-deutschland-nach-geschlecht/

229 American Federation of Certified Psychics and Mediums

230 Gallup, »Thirteen Percent of Americans Bothered to stay on Hotels' 13th Floor«, 15. März 2007, https://news.gallup.com/poll/26887/thirteen-percent-americans-bothered-stay-hotels-13th-floor.aspx

231 *Vogue*, »What Do the Tarot Cards Say? In a pandemic, the Answer Might Be on Zoom«, September 2020, https://www.vogue.com/article/tarot-card-readings-pandemic-growth

232 Stuart A. Vyse, *Superstition: A very short introduction* (Oxford University Press: Oxford, 2020)

233 D. H. Dickson & Ivan W. Kelly, »The ›Barnum Effect‹ in Personality Assessment: A Review of the Literature«, *Psychological Reports*, Vol. 57, Issue 1, 1985, S. 367–382

234 Magali Clobert et al., »Good Day for Leos: Horoscope's Influence on Perception, Cognitive Performances, and Creativity«, *Personality and Individual Differences*, Vol. 101, 2016, S. 348–355

235 Frank Podmore, *Robert Owen: A Biography* (University Press of the Pacific: Forest Grove, 2004), Bd. II, S. 604–605. Lewis Spence, *Encyclopedia of Occultism and Parapsychology* (Kessinger Publishing Company: Whitefish, 2003), S. 679

236 K. Kaku, »Increased induced abortion rate in 1966, an aspect of a Japanese folk superstitions«, *Annals of Human Biology*, Vol. 2, Issue 2, 1975, S. 111–115. Yoon Shin Kim, »Fertility of the Korean population in Japan influenced by a folk superstition in 1966«, *Journal of Biosocial Science*, Vol. 11, Issue 4, 2008

237 Jonas Helgert, »The validity of astrological predictions on marriage and divorce: a longitudinal analysis of Swedish register data«, *Genus*, Vol. 76, Article 34, 2020

238 *Financial Times*, »Financial astrologers gaze at stock markets in the

stars«, 17. Oktober 2007, https://www.ft.com/content/98b10826-367b-11e3-aaf1-00144feab7de

239 Ida Andersson et al., »Even the stars think that I am superior: Personality, intelligence and belief in astrology«, *Personality and Individual Differences*, Vol. 187, 2022

240 *Science*, »The End of History Illusion«, Vol. 339, Issue 6115, 4. Januar 2013, S. 96–98

241 Islam Abohela & Noel Martin Lavin, »The Height of Future Architecture: Significance of High versus Low Rise Architecture in Science Fiction Films«, *Applied Science University Journal*, Kingdom of Bahrain, Vol. 4, Issue 2, 2020, S. 57–66

242 John Elfreth Watkins Jr., »What might happen in the next hundred years«, *Ladies Home Journal*, Dezember 1900, Vol. 18, No. 1, S. 8

243 Gail Sheehy, *Passages: Predictable Crises of Adult Life* (Bantam Books: London, 1976)

244 Bronnie Ware, *The Top Five Regrets of the Dying: A Life Transformed by the Dearly Departing* (Hay House, Inc.: Carlsbad, CA, 2012)

245 FHE Health, »Statistics on Mental Trauma«, https://fherehab.com/trauma/statistics

246 Colette Duggan et al., »Resilience and Happiness After Spinal Cord Injury: A Qualitative Study«, *Topics in Spinal Cord Injury Rehabilitation*, Vol. 22, Issue 2, 2016, S. 99–110

247 Jeffrey Sullivan et al., »The Well-Being of Long-Term Cancer Survivors«, *American Journal of Managed Care*, Vol. 24, Issue 4, 2018, S. 188–195

248 Aaron T. Beck et al., *Cognitive therapy of depression* (Guilford Press: New York, 1979). Lyn Y. Abramson et al., »Hopelessness Depression: A Theory-Based Subtype of Depression«, *Psychological Review*, Vol. 96, Issue 2, 1989, S. 358–372. A. K. MacLeod, »Components of hopelessness about the future in parasuicide«, *Cognitive Therapy and Research*, Vol. 17, Issue 5, S. 441–455. Ali Sarkohi, »Future Thinking and Depression«, *Linköping studies in Behavioural Science*, No. 160, Linköping University Department of Behavioural Sciences and Learning, 2011. Jonas Bjärehed et al., »Less Positive or More Negative? Future-Directed Thinking in Mild to Moderate Depression«, *Cognitive Behaviour Therapy*, Vol. 39, No. 1, 2010, S. 37–45. Andrew K. MacLeod & Clare Conway, »Well-being and positive future thinking for the self versus others«, *Cognition and Emotion*, Vol. 21, Issue 5, 2007, S. 1114–1124. Fredrick T. Melges, »Future Oriented Psychotherapy«, *American Journal of Psychotherapy*, Vol. 26, Issue 1, 1972, S. 22–33

249 National Institute of Mental Health, »Major Depression«, https://www.nimh.nih.gov/health/statistics/major-depression

250 M. Luppa, »Age- and gender-specific prevalence of depression in latest-life – Systematic review and meta-analysis«, *Journal of Affective Disorders*, Vol. 136, Issue 3, 2012, S. 212–221. Michelle E. Kruijshaar, »Lifetime prevalence estimates of major depression: An indirect estimation method and a quantification of recall bias«, *European Journal of Epidemiology*, Vol. 20, Issue 1, 2005, S. 103–111. Diego Novick et al., »Recovery in patients with major depressive disorder (MDD): results of a 6-month, multinational, observational study«, *Patient Prefer Adherence*, Vol. 31, Issue 11, 2017, S. 1859–1868. Michele Anne & Steve M. J. Janssen, »Relations Between Cultural Life Scripts, Individual Life Stories, and Psychological Distress«, *Psychological reports*, Vol. 124, Issue 2, 2020

251 World Health Organisation, »Depression«, https://www.who.int/newsroom/fact-sheets/detail/depression

252 Brandon H. Hidaka, »Depression as a disease of modernity: explanations for increasing prevalence«, *Journal for Affective Disorders*, Vol. 140, Issue 3, 2012, S. 205–214. Jane M. Murphy et al., »A 40-Year Perspective on the Prevalence of Depression: The Stirling County Study«, *Archives Of General Psychiatry*, Vol. 57, Issue 3, 2000, S. 209–215. World Health Organisation, »Depression and Other Common Mental Disorders: Global Health Estimates«, Januar 2017, https://www.who.int/publications/i/item/depression-global-health-estimates

253 World Health Organisation, »COVID-19 pandemic triggers 25% increase in prevalence of anxiety and depression worldwide«, März 2022, https://www.who.int/news/item/02-03-2022-covid-19-pandemic-triggers-25-increase-in-prevalence-of-anxiety-and-depression-worldwide

254 Anna Ohlis et al., »Long term outcome of children diagnosed with resignation syndrome in the Stockholm Region 2005–2012«, *Lakartidningen*, Vol. 119, Issue 21171, 2022

255 Office of Justice Programmes, »Bureau of Justice Statistics: Mental Health Problems of Prison and Jail Inmates«, September 2006, NCJ 213600

256 Council of Europe, »Prisons and probation: a Council of Europe White Paper on the management of offenders with mental health disabilities and disorders«, 9. November 2021, https://rm.coe.int/pc-cp-2021-8-e-rev-2-prisons-and-probation-a-council-of-europe-white-p/1680a47eff

257 Hans Toch et al. (Hrsg.), *Living on Death Row: The Psychology of Waiting to Die* (American Psychological Association: 2018). Caycie D. Bradford, »Waiting to Die, Dying to Live: An Account of the Death Row

Phenomenon from a Legal Viewpoint«, *Interdisciplinary Studies in Human Rights*, 5, L. 77, 2011

258 Shoji Yokoya et al., »A Brief Survey of Public Knowledge and Stigma Towards Depression«, *Journal of Clinical Medicine Research*, Vol. 10, Issue 3, 2018, S. 202–209

259 *The Lancet*, »Time for united action on depression: a Lancet-World Psychiatric Association Commission«, Februar 2022, https://www.thelancet.com/journals/lancet/article/PIIS0140-6736(21)02141-3/fulltext

260 *New Scientist*, »Fresh ideas about the causes of depression are bringing new treatments«, 18. Januar 2023, https://www.newscientist.com/article/mg25734220-100-fresh-ideas-about-the-causes-of-depression-are-bringing-new-treatments/

261 Linda Maria Furchtlehner et al., »A comparative study of the efficacy of group positive psychotherapy and group cognitive behavioral therapy in the treatment of depressive disorders: A randomized controlled trial«, *The Journal of Positive Psychology*, Vol. 15, Issue 6, 2020, S. 832–845. Negar Asgharipoor et al., »A comparative study on the effectiveness of positive psychotherapy and group cognitive-behavioral therapy for the patients suffering from major depressive disorder«, *Iranian Journal of Psychiatry and Behavioral Sciences,* Vol. 6, Issue 2, 2012, S. 33–41. Stanley Lesse, »Future Oriented Psychotherapy-A Prophylactic Technique«, *The American Journal of Psychotherapy*, Vol. 25, Issue 2, 1971, S. 180–193. Jennice Vilhauer, *Think Forward to Thrive: how to use the mind's power of anticipation to transcend your past and transform your life* (New World Library: Novato, CA, 2014). Fredrick Towne Melges, *Time and the Inner Future: Temporal Approach to Psychiatric Disorders* (Wiley: Hoboken, NJ, 1982)

262 OECD, »Foresight and Anticipatory Governance in Practice: Lessons in effective foresight institutionalisation«, 2021, https://www.oecd.org/strategic-foresight/ourwork/Foresight_and_Anticipatory_Governance.pdf

263 Fraunhofer Institut, »Studie zur Institutionalisierung von Strategischer Vorausschau als Prozess und Methode in der deutschen Bundesregierung«, Juni 2022

264 Robert K. Merton, »The Self-Fulfilling Prophecy«, *The Antioch Review*, Vol. 8, Issue 1, 1948, S. 193–210

265 *Deutsches Ärzteblatt* »Nocebo-Phänomene in der Medizin: Ihre Relevanz im klinischen Alltag«, 2012, https://www.aerzteblatt.de/int/archive/article/127210

266 Daryl R. Van Tongeren et al., »Heroic Helping: The Effects of Priming

Superhero Images on Prosociality«, *Frontiers in Psychology*, Vol. 9, 2018, https://www.frontiersin.org/articles/10.3389/fpsyg.2018.02243/full#:~:text=Even%20relatively%20superficial%20exposure%20to,increased%20self%2Dreported%20helping%20intentions

267 *New Atlas*, »Study indicates pen & paper beats stylus & screen for memory retention«, 21. März 2021, https://newatlas.com/science/writing-paper-better-memory-stylus-tablet-brain-activity/

268 YouGov, »International poll: most expect to feel impact of climate change, many think it will make us extinct«, 15. September 2019, https://yougov.co.uk/topics/politics/articles-reports/2019/09/15/international-poll-most-expect-feel-impact-climate

269 Caroline Hickman, »Climate anxiety in children and young people and their beliefs about government responses to climate change: a global survey«, *The Lancet*, Dezember 2021, https://www.thelancet.com/journals/lanplh/article/PIIS2542-5196(21)00278-3/fulltext

270 *Live Science*, »Could climate change make humans go extinct?«, 30. August 2021, https://www.livescience.com/climate-change-humans-extinct.html

271 *Forbes*, »53 % Of U. S. Adults Don't Fear Growing Old-Study Finds People Actually Fear Less As They Age«, 19. Oktober 2022, https://www.forbes.com/health/medicare/fear-of-aging-survey/#:~:text=Fewer%20Than%20Half%20of%20U.S.,each%20year%20they%20grow%20older

272 Brian Martin, »The global health effects of nuclear war«, *Current Affairs Bulletin*, Vol. 59, No. 7, Dezember 1982, S. 14–26. National Research Council (U. S.), »Long-term worldwide effects of multiple nuclear-weapons detonations«, Washington, DC, 1975. Brian Martin, »Critique of nuclear extinction«, *Journal of Peace Research*, Vol. 19, No. 4, 1982, S. 287–300

273 Viktor Frankl, *… trotzdem Ja zum Leben sagen – Ein Psychologe erlebt das Konzentrationslager* (dtv: München, 1998)

274 David Rubin et al., »The normative and the personal life: individual differences in life scripts and life story events among USA and Danish undergraduates«, *Memory*, Vol. 17, Issue 1, 2009, S. 54–68

275 Mary Bowerman, »This Are the Top 10 Bucket List Items on Singles' Lists«, *USA Today*, 18. Mai 2017, https://www.usatoday.com/story/life/nation-now/2017/05/15/these-top-10-bucket-list-items-singles-lists/319931001. Ayleen Roderer et al., »Remembering future life goals: Retrospective future thinking affects life goal qualities«, *Acta Psychologica*, Vol. 226, 2022

276 Shamsul Haque & Penelope Haskin, »Life scripts for emotionally charged autobiographical memories: A cultural explanation of the reminiscence bump«, *Memory*, Vol. 18, Issue 7, 2010, S. 712–729. A. Erdoğan et al., »On the persistence of positive events in life scripts«, *Applied Cognitive Psychology*, Vol. 22, Issue 1, S. 95–111

277 J. T. Coleman, »Examining the life script of African-Americans: A test of the cultural life script«, *Applied Cognitive Psychology*, Vol. 28, S. 419–426

278 Neşe Hatiboğlu & Tilmann Habermas, »The Normativity of Life Scripts and Its Relation with Life Story Events Across Cultures and Sub-Cultures«, *Memory*, 24, 2016, S. 1369–1381

279 Emmanuel Keuleers et al., »Word Knowledge in the Crowd: Measuring Vocabulary Size and Word Prevalence in a Massive Online Experiment«, *Quarterly Journal of Experimental Psychology*, Vol. 68, Issue 8, 2015, S. 1665–1692. Joshua K. Hartshorne, »When Does Cognitive Functioning Peak? The Asynchronous Rise and Fall of Different Cognitive Abilities Across the Life Span«, *Psychological Science*, Vol. 26, Issue 4, 2015, S. 433–443; Nemanja Vaci, »Large Data and Bayesian Modeling-Aging Curves of NBA Players«, *Behavior Research Methods*, Vol. 51, Issue 4, 2019, S. 1544–1564. Cattell, *Abilities: Their Structure, Growth, and Action* (Houghton: Boston, 1971)

280 Robert Waldinger, *The Good Life: Lessons from the World's Longest Study on Happiness* (Rider: London, 2023)

281 Derek M. Isaacowitz, »Correlates of Well-being in Adulthood and Old Age: A Tale of Two Optimisms«, *Journal of Research in Personality*, Vol. 39, No. 2, 2005, S. 224–244

282 Daniel Kahneman et al., »Anomalies: The Endowment Effect, Loss Aversion, and Status Quo Bias«, *Journal of Economic Perspectives*, Vol. 5, No. 1, 1991, S. 193–206. Scott Eidelman & Christian S. Crandall, »Bias in Favor of the Status Quo«, *Social and Personality Psychology Compass*, Vol. 6, Issue 3, S. 270–281. William Samuelson & Richard Zeckhauser, »Status quo bias in decision making«, *Journal of Risk and Uncertainty*, Vol. 1, 1988, S. 7–59

283 Christopher Niemiec et al., »The Path Taken: Consequences of Attaining Intrinsic and Extrinsic Aspirations in Post-College Life«, *Journal of Research in Personality*, Vol. 43, Issue 3, 2009, S. 291–306

284 Robert Waldinger, *The Good Life: Lessons from the World's Longest Study on Happiness* (Rider: London, 2023)

285 Library of Congress Legislative Reference Service, »Erroneous predic-

tions and negative comments concerning exploration, territorial expansion, scientific and technological development«, Mai 1969

286 Michael Hviid Jacobsen & Keith Tester (Hrsg.), *Utopia: Social Theory and the Future* (Ashgate Publishing: Farnham, 2012), S. 2

287 Christopher Niemiec, »The Path Taken: Consequences of Attaining Intrinsic and Extrinsic Aspirations in Post-College Life«, *Journal of Research in Personality*, Vol. 43, Issue 3, 2009, S. 291–306

288 William MacAskill, *What we owe the future* (Oxford University Press: Oxford, 2022), S. 23

289 David Rosnick, »Reduced Work Hours as a Means of Slowing Climate Change«, Center for Economic and Policy Research, Februar 2013, http://www.cepr.net/documents/publications/climate-change-workshare-2013-02.pdf

290 *La Libre*, »Inondations : 590 millions d'euros pris en charge par les assurances«, August 2021, https://www.lalibre.be/economie/conjoncture/2021/08/12/inondations-590-millions-deuros-pris-en-charge-par-les-assurances-ULWSHH3TYJGA3OIW2JVFHGSIP4/

291 *New Scientist*, »Net-zero living: How your day will look in a carbon-neutral world«, 1. September 2021, https://www.newscientist.com/article/mg25133504-300-net-zero-living-how-your-day-will-look-in-a-carbon-neutral-world/. *New Scientist*, »Futuristic farm may use 250 times less water than normal«, 29. September 2021, https://www.newscientist.com/article/mg25133540-200-futuristic-farm-may-use-250-times-less-water-than-normal/. *New Scientist*, »New plastic made from DNA is biodegradable and easy to recycle«, 20. November 2021, https://www.newscientist.com/article/2298314-new-plastic-made-from-dna-is-biodegradable-and-easy-to-recycle/. *New Scientist*, »The end of waste: The grand plan to build a truly circular economy«, 9. Februar 2022, https://www.newscientist.com/article/mg25333730-800-the-end-of-waste-the-grand-plan-to-build-a-truly-circular-economy/

292 Katy Milkman, *How to Change: The Science of Getting from where you are to where you want to be* (Penguin: New York, 2021)

293 E. Paul Torrance, »The Beyonders in a thirty year longitudinal study of creative achievement«, *Roeper Review*, Vol. 15, Issue 3, 1993, S. 131–135